# Im falschen Abteil

## Gedichte

Alfred J. Signer, Helmut Glatz, Volker Teodorczyk u.v.a.

Dorante Edition

# Im falschen Abteil

## Gedichte

**Alfred J. Signer, Helmut Glatz,
Volker Teodorczyk u.v.a.**

Bibliografische Information durch die Deutsche Nationalbibliothek: Die Deutsche Nationalbibliothek verzeichnet diese Publikation in der Deutschen Nationalbibliografie; detaillierte bibliografische Daten sind im Internet über http://dnb.d-nb.de abrufbar.

herausgegeben durch das Literaturpodium, Dorante Edition
Berlin 2017, www.literaturpodium.de
ISBN: 9783743152212

Foto auf der Vorderseite: Marko Ferst

Alle Nachdrucke sowie Verwertung in Film, Funk und Fernsehen und auf jeder Art von Bild-, Wort-, und Tonträgern sind honorar- und genehmigungspflichtig. Alle Rechte vorbehalten. Das Urheberrecht liegt bei den Autorinnen und Autoren.

Herstellung und Verlag: BoD – Books on Demand, Norderstedt

*Alfred J. Signer*

**Patagonien**

Schafgebeine am Fusse
des Kondorfelsens,
ausgeweidet vom Puma und
andern Aasfressern.

Blau-weiss gefärbt,
an die Pionierzeit erinnernd,
steht der alte Reisebus
windgeschützt neben
den Stallungen der
Estancia Oriental.

Unbedeutend klein
neben dem Cerro Leòn
liegt sie in der grünen Oase,
geduckt im Schutze eines Hügels.

Einzig ein ruppiges Strässchen
als Verbindung zur andern Welt.
Weit entfernt von der Ruta 40,
die wie eine Schnur die Pampa
Santa Cruz' durchmisst.

Am 47. Breitengrad Süd
unter den Andengipfeln
darben wache Menschen,
vom Winde nicht zermürbt.

Ewiger Lauf der Dinge
verlangsamt im Takt der Jahre.

*Alfred J. Signer*

**An diesem Abend**

Präzis in dem Moment –
steil der Cerro Alegre
unten beim Hafen das Cinzano
belebt die Almirante Montt –
jagt dieser eine Hund
den Hügel hoch
lässt alle Wagen hinter sich
rätselhaft getrieben.
Hier genau scheint auf
die irre Pracht
Valparaisos.


*Alfred J. Signer*

**Baumtod am Strand**

Länglich furchig, weiss und steif wie eine Leiche
Liegt starr und quer er da, gestürzt vor Jahren
Glänzend gebleicht im Licht der Andensonne
Gewaschen durch die schweren Gewitterstürme
Sandgestrahlt im steten Kordillerenwind
Gebettet im angeschwemmten Lavasand
Hart wie Granit wider alle Naturprozesse
Im Reiche der Gefallenen.

*Alfred J. Signer*

**Ruta 40**

Guanacos zahllos
hängen ab
Traurig getrocknetes
Biofleisch
Drohfingrig die Rippen
im grellen Licht
So fremd und
wahrlich unnütz
wie der Zaun.


*Alfred J. Signer*

**Wort im Flug**

Wo sind sie die Kondore
Bewundert und besungen
Schweben sie wie unsere Worte
Ungesprochen, geträumt vielleicht.

Wir werden sie hören die Schwingen
Majestätisch Kreise ziehend
Wie Gedanken in den Köpfen
Ihr Sinn, ein Flug ins Nichts.

*Alfred J. Signer*

**Dora in Magdalena**

Klein und dünn mit wachen Augen
umsorgt vom Gaucho und seinem Sohn
Läden unten, jede Tür verschlossen
Seit neunzig Jahren unverdrossen
Ein zerbrechlich' Wesen mit gläserner Haut
weit offen ihr Herz, ein dickblättriges Kraut.

Damals zwischen den Kriegen ein stolzes Kind
Wachsam heute die wächserne Nase im Wind.
Ein schwaches Licht erscheint am Horizont
und zeigt dem Gaucho die Richtung an.
Die Estancia kommt bald zur letzten Ruh.
Meine zarte Dora wartet an der Türe still.


*Alfred J. Signer*

**Tango-Werdung**

Ihr selig hoffender Blick
Sein stelzig zögernder Schritt
Da sind schwebend zwei Arme
Hier warten federleicht die Hände
Dann in Zeitlupe die Berührung
Wie ein Hauch von Umarmung
Jetzt stehen sie zärtlich gespannt
Hören den klagenden Geigenstrich
Das Bandoneon setzt betörend ein
Nimmt das Paar behutsam mit
Auf die wolkig leichte Reise und
Du entrückter Betrachter
Bleibst verloren draussen.

*Alfred J. Signer*

**Mauerwerk 1921**

Gepflästert von Gozim,
reckt sich hoch hinauf –
der Treppe überlagert –
die alte Natursteinwand.

Entstaubt, gereinigt
von flinker Maurerhand.
Gefüllt nun alle Ritzen
mit ockerfarb'ner Paste.

Ein Stück Geschichte
grüsst jetzt die Besucher.
Mich Bewohner erinnert
sie an Heu- und Stallgeruch.


*Alfred J. Signer*

**Reise ans Meer**

Ein früher Tag im späten Sommer
Schreie draussen, noch keine Sonne
Steif der Rücken, auch Knochenweh
Schnell zum Bus bar jeden Kaffees.

Drüben im engen Valle Bormida
äsen Rehe; überm Wasser Nebelbänke
Erste warme Strahlen bei Millesimo
Steil meerwärts nun nach der Cairo-Senke.

Savona erwacht, die Küste glitzert leis
Bald Ladenschluss, aber BAGNI leben noch
Laues Wasser flutet Herz und Körpernischen
Der sommergrüne Tee für alte Knochen.

*Afamia Al-Dayaa*

**Kleine Momente des Stummseins**

der abend ist elektrisch aufgeladen
unweit die wunde im gras
eine spur von tiefen schritten
wo wir spazierengingen
mit vor liebe entzündeten augen
wünschen
und grenzen nach innen



*Afamia Al-Dayaa*

**wirf keinen stein**

wie ein mangoblatt auf dem knie
so lässt sich der sommer heuer nieder

du flüsterst
das flüstern ist ein glatter see

wirf keinen stein
er könnte in der luft hängenbleiben

widerspenstig
wie sprache

*Ralf Burnicki*

**Versprochene Himmel**

Über Politik heißt es,
sie hätte der Zukunft
ein Stück Himmel gegeben,
doch es kommt die Zeit,
in der das Licht zurückgespult wird
und die Luft zu dünn ist
für große Versprechen.
Die Produktion bleibt
auf der Strecke, der Kreisverkehr
der Einsamkeiten nimmt zu und die
Besorgungslisten des Verstandes
werden länger. Am Ende bleibt
die Erinnerungskultur der Trinksprüche,
der Saisonbetrieb der Bekenntnisse,
die Eintagsfliege einer Umarmung
und ein Mittag, der im Park die
Schattensplitter zusammenfegt.

*Angelika Zöllner*

**heimat. los**

*(fahrender flüchtling im zug)*

*er* rollt – rädert
einer sich richtenden route zu
runde ruheminuten
dann dümpelt der deutschland-
schaffner in seine schweregedanken
*führen sie'n fahrschein?*

der flüchtling fingert vor
schaffner schüttelt schaut
schmettert: *ein s-bahn-schein!*
*sie inseln im ICE!*

*lassen sie doch den poor boy,*
ächzen wir leidgerüttelt und
ich vergesse den versreim zu falten

der schaffner schüttelt ihn ab
rafft reuelos rare euros vom
fahrenden flüchtlingsvogel
deutschlastig dienstplanmäßig
ein dünkelnder demutsbeamter

wir wolln ihn nach Syrien verwandern
ins wirrgepäck der vokabeln
gegen gruseln und grieseln und grausen
nur einen flaumigen fallschirm.

*Angelika Zöllner*

**Ost-West I**

Deutschlands
steinerne fenster
die linie von ost nach west
gräben und sperrzonen

ob es genügt die
mauerwälle aufzustemmen
das bodenbrachland mit lang
getrennten händen umzupflügen?

vor den augen kreuzen
sich rötlich eingebrannte
feindeslinien zu
neuen mustern fort

auf angestammten fehlerplätzen
schweigt das laub
im stundenglas wächst
hoffnung hoch wie knospen
noch bleibt der fuchs im
lammpelz stumm

ist's eilig
sich auf menschenleben und
ein friedlich gehen zu besinnen
zwischen knirschenden minuten

rieselt die zeit.

*Angelika Zöllner*

**Ost-West II**

Deutschland
das widerspenstige wort
zu viel besungen
über den tisch gezogen

nun liegen wir da
mit aufgeschlagenem gesicht
und tasten doch
einander neu in den armen

fremde ist eingezogen
neuer mond stiehlt die sternläufe
nur die herbstsonne steigt unverrückt
richtet sich auf
über den steildächern

die luft klingt spröde
von alten gedichten
in unseren händen
eine liebesgeschichte.

*Angelika Zöllner*

**Im Asylantenheim –
Die Flüchtlingsfrau**

wenn sie alleinsam
mit vier kindern zukunft erzieht
darf sie aus silberhellem grund
der stadt nicht telefondraht haben

vergangenes lernte sie tagstreng
im syrisch-fernen gymnasium
ihre mütterliche klarsprache
lehrte sie nicht den fluchtschmerz
im fremdland

die klugen phone der guten
nachbarmenschen sprechen ihr flutwörter
und bleiben für sie angeschlossen
an ärztesicherheit und leben

aber sie darf nicht – warum
frage ich stadtwärts
die verstummenden gruppenleiter
ihr schweigeflattern und stottern

mit vier kindern alleinsam
erzieht sie doch zukunft
der stadt!

*Angelika Zöllner*

**Ausländischer Mokka**

die unseren
vielleicht zu lang
mit den friedlichen
wassern gespielt

nun dürsten sie wieder kosten
ausländischen mokka einmal
straßenespresso kurdisch
gestern türkischen in der schale

morgen afghanischen
mit zucker verschlürft
dann libanonworte syrischem
freiheitsbegehren den hals umdrehen

bald werden sie wieder
einen andersmensch häuten
der ihnen bitterflüsse
ins blut zwingt

wenn sie nicht vor
ihrer tür aus wachsenden
balkengebirgen den
gemeinsamen weg bauen.

*Angelika Zöllner*

**Ruhrgebiet**

manche haben die härten
in die hände genommen
die schienen der mühe
beiseite geräumt

stärker wuchsen sie
gerade auch frauen
wenn sie sich beugen sollten
standen sie furchtfreier auf

hemmschwellenzeiten
lassen den willen untergehen
oder sich aufrechten halses
entgegenstellen

grünendes leben ringen
sie dann ab
erst recht den alltäglichkeiten
der heimaterde

mit einem mal überblüht es
den morgen mit farbkraft
lässt gärten in freiheit
für alle kinder erahnen.

*Angelika Zöllner*

**wenn der wind die zäune verzerren möchte**

wenn der wind die zäune verzerren möchte
weil kindergesichter und durch unwegsamstes
schwieriggelände geflohene menschen
atemerschöpft vor grenzpfählen hocken
an verdrahteten säumen zu tausenden eine unbefristete zeit kauern
ihre heimatwurzeln als zerbombte bürde im arm

dann friert's uns zu toden - wir die uns noch immer
wesen einer wandelnden gutwelt nennen
herzentlang vereisen und ich vergesse
dass es solidarität einen zukunftsweg
durch EUROPAs adern gegeben hat von dem so viele
ein milchiges honigland träumten

selbst wenn ich nur butterbemmen für refugees streiche
nur lebenswasser aus notwendigkeiten abfülle
aus alten mären
ich rudere dagegen dass
nachtigallen den abschied singen
vom seelenverstand eines menschen…

*Michael Koch*

**Wenn wir Kohlen kriegten**

Es könne sein
sagte mein Vater
daß das unter Köttichau gelegen
unter Mutschau Döbris Dobergast
der Berg verschwundener Nachbardörfer in unserem Hof
dampfte noch und kostete keinen Pfennig
Deputat
hieß das Codewort
nur die Fahrer waren unvermeidlich
trinkgeldbedürftig

Wir hatten im Schuppen
für ordentlich Stauraum gesorgt
den Dreck vom Vorjahr
mit dem Herbst über die Feldwege verteilt
ich wußte genau was von mir erwartet wurde
zog den Reißverschluß meiner Trainingsjacke
bis unters Kinn
in einer Woge rußschwarzer Müdigkeit
würde ich einer von uns
werden

*Sabine Rothemann*

**Tag, Nachgleiche**

Ein Silberreiher stakst in Mulden.
Auf dünnen Sohlen an einem frischen Morgen,
schleich ich samtig weich, zur Dämmerung
die Schritte zögernd schwingen,
bei Nacht erreich ich den Teich.
Sehe mich nicken. Mit festen Tritten
mich spreizen und mit breiten
Flügelschlägen mich umkreisen und dann neigen.
Mal groß, dann winzig sind mir die Dinge
die glänzenden, die glatten
in dem hellsten Schatten
der krähenschwarzen Nacht


*Sabine Rothemann*

**Ein Abend**

Der Mantel hängt am Haken,
Fernzüge fahren ein,
die Lichter gehen an.

Der Himmel färbt sich grau,
der Fluß bewegt sich schnell,
Ein Nachglanz von verbrauchtem Licht.

Der Staub ist gewischt,
das Holz ist verkohlt,
die Speisen nicht verdorben.

Der Apfel rollt vom Tisch,
der Regen klatscht an Scheiben.
Ein Gast geht fort.

*Sabine Rothemann*

**Gestern heute**

Gestern zogen die Wolken vorüber,
gestern schienen die Lichter so schön.
Heute ist es am Himmel trüber,
heute wolln wir spazierengehn.

Gestern die Straßen gekehrt,
heute den Eimer geleert.
Gestern die Flaschen gepfropft,
heute die Strümpfe gestopft.

Gestern den Käse gerieben,
heute die Fliegen vertrieben.
Gestern den Braten gewürzt,
heute die Stunden verkürzt.

Und morgen wird es dann regnen,
da wird uns niemand begegnen.

*Norbert Rheindorf*

**Stille**

Hinter Fassaden
Hass in den Ecken
und Ressentiments
Finger
auf Tastaturen
begrapschen jeden neuen Tag
ohne Anstand
und keiner Ehren wert

in der Allmacht der Schreihälse
über gequälte
Augen und Ohren
übergeben sich Lautsprecher
in soziale Medien

eine Brühe
getrübt
von niederen Instinkten
schwappt
an die steinigen Ufer
brüchiger Ethik

reizüberflutete Nervenenden
üben
Totalverweigerung
keine Rückmeldung
mehr ans Gehirn
Stille

*Norbert Rheindorf*

**Tag**

Stunden schieben sich
durch die engen Gassen der Gedanken
man steht sich selbst
im Weg und auf den Füßen
kommt nicht von der Stelle
auf der man tritt
jenseits
der Lähmung des Geistes
bedarf es eines Wunders
sich zu erwecken im Licht
eines neuen Tages


*Norbert Rheindorf*

**Nacht**

Nacht
liegt über den Feldern
die wir nicht bestellten
zur rechten Zeit

es benötigt mehr
als einen fernen
Sternschnuppenregen
einen Funken, nah
stetiges Glimmen
gut bewacht
genährtes Feuer
sie zu erhellen
in dauerhaftem Schein

dass Licht wird
allerorten
und in aller Seelen

*Hanna Fleiss*

**Petitesse**

Brandroter Mohn,
über die Wiesen gestreut,
und ich wünschte, du hieltest an,
wünschte, du sähest,
was ich sehe.

Aber du hinterm Lenkrad,
vor dir das Grau-in-Grau der Autobahn,
leugnest das Feuer des Mai,
lachst und beschleunigst das Tempo,
dass der Tacho ausschlägt.

Vielleicht ist es
das letzte Mal, dass ich neben
dir sitze, ich, die ewige Beifahrerin.
Vorbei, vorbei der brandrote Mohn.
Und du lachst.

*Hanna Fleiss*

**Bitterer Tee**

Schattenrisse,
die durch mein Leben gingen,
die kleinen Lieben.
Ach, die kurzen Sommer.

Ein Pseudosturm.
Vorüber, schöngefaltete Träume.
Abschiede ohne Geständnisse.
Schweig über Wunden, Herz.

Passanten, Gesichtslose.
Bitterer Tee, ihnen ließ ich
die Neigen. So wird es
gewesen sein.

*Hanna Fleiss*

**Tiefdruckgebiete**

Was ist die Erde uns?
Reicht es, besorgt zu sein, wenn erst die Tage
zu Nächten werden? Unser Erinnern
verwehte mit Sturmwinden, Verluste werden
nicht gezählt, wir verschmerzen sie unwillig,
doch mit Routine.

Skeptisch beurteilen wir tiefziehende
Wolken über den Städten als Ausdruck unserer
Ohnmacht, die Wetter geschehen immer noch
trotz uns. Antiken Sehern gleich beobachten wir
den Vogelflug, der uns ein Hochdruckgebiet
bringen wird oder nicht.

Wir wissen und wollen nicht glauben.
Wir berauschen uns an den Ergebnissen von
Klimakonferenzen, gute Menschen werden es
schon richten. Und besänftigt wie Zugreisende
vom Anblick fehlerloser Landschaften
erliegen wir satter Gleichgültigkeit.

*Hanna Fleiss*

**Bobrowski**

Weit Sarmatiens Himmel,
Tage wehten in brennender Bläue
über die Memel, in der Schläfe
die Schatten der Wälder.

Katzengleich schmiegten
weiße Städte sich an die
Ufer der Ströme, lautes Getön
an den Abenden.

Über Dörfern, den Dörfern
aus Tränen, lag die Nacht, lang,
und die Ebene schwieg in
riesigem Schlaf.

Gesungener Schmerz,
niemals verwunden - wen,
das Flüstern, die Zärtlichkeit,
berührten sie nicht.

*Peter Frank*

## St. Clemens

Die Mauer aus Feldsteinen,
geschunden vom Spaltenfrost,
gebleicht von der Eidechsensonne
- Fahrräder lehnen da -

schattenlose Stille.
Verbeulte Kannen, der Wasserhahn,
die Harke an der weißen Wand.
Der Turm benennt den Horizont.

Unten, schnörkellos, lesbar,
der Marmor der jungen Toten -
das ertrunkene Mädchen unter dem Herz,
der Saufbold, verkatert von Unkraut.

Friesin, in den Wind gekrümmt,
verlassen wie der Nachmittag,
ihre Hände, Schwestern der Salzwiesen,
jäten das Vergessen.

Unvergessen die alten Grabplatten.
Wuchtig, grau, geduldig wie Fischer,
deren Leinen, tangbärtig, hinabtauchen
ins Dunkel der ankerlosen Nacht.

Hier liegen sie -
schwer wie Uhrketten, salzverkrustet,
ertragen wie wir die Last der Erde -
Commandeur & Danebrogmann.

Die hinausfuhren & heimkehrten,
wieder ausfuhren & blieben,
angespült oder verkauft wurden,
nach Amerika gingen oder zur Pest.

Die ihren Stahl in die donnernden
Herden rammten, das Meer röteten,
die am Ende auf einer Bank saßen,
allein mit ihren Bärten.

Buchlose Tage, hart wie die Majuskeln,
in die sich der Blick wie eine Harpune
versenkt. Leben aus dem Stein gehauen.
Erst der Tod nahm den Meißel &

schlug die Symbole in die Giebel:
eine Bockmühle, ein Schädel, die
geflügelte Sanduhr, die gebrochene
Blume. Kein Arzt kam über das Eis.

Sankt Catharina. Barstenschild.
Emanuel. De Gekroonte Hoop.
Wintergeschichten der Wracks
in der Sprache der Vorfahren.

Eine Rückkehr vom Gottesdienst:
Schnee fühlt die Schwärze der Trachten,
die Stube der Fliesen wie ein Schiff.
Harck Olufs sitzt tot im Sessel.

Die See machte die Trauer kurz.
Die Alten rauchten mit ruhigen
Blicken & nickten. Wer 20 Jahre alt
geworden ist, der wird auch älter.

Die Schrift der Steine wird bleiben mit
fossilen Tränen, Malven, Apps
unter dem Mandat des Meeres,
der weißen Musik.

*Peter Frank*

**Winter der Kindheit**

Damals fiel der Schnee von
Dunkelheit zu Dunkelheit.

Der Schnee, der liegen blieb,
gegen Busfenster klatschte,
der an den Hosen hing
wie Glocken aus Glas,
der die Kufen schärfte unter
dem Schleifstein des Mondes.

Damals fiel der Schnee aus
einem anderen Himmel,
fiel auf Augen, Mund,
fiel auf das Schulheft,
begrub die Brille der Lehrerin,
füllte die kurzen Tage mit
Unendlichkeit.

Eine Hand wie ein Schneefeld
stellte den Stiefel, rot & leer,
in die blaue, brechende Nacht.

*Peter Frank*

**Gabionen**

*KZ Gedenkstätte Neuengamme*

Zwanzigtausend Namen,
schwarze Minuskeln auf
langen, weißen Fahnen,
die Hälfte der Toten.

Weites, flaches Gelände,
Ferne der Pappelreihen,
zitternd wie Körper,
der Zählappell,
auch die Leichen traten an.

Das Ziegelwerk,
wo Durst in den Kammern
der Kehlen brannte,
eine moderne Fabrik,
bewundert von Himmler,
hohes, stilles Gebälk,
Geruch wie in Großvaters Schuppen
in einem Sommer der Kindheit,
ein Geschichtsstudent spricht
in den von displays erleuchteten
Halbkreis einer Schulklasse.

Draußen im Septemberlicht,
unter den Zeichen der Zugvögel,
greift Wind ins Haar,
fällt Leere wie Lumpen.

Vor der Rampe,
drei rostige Loren,
darin Laub, Regen,
Äste wie Knochen,
weiter unten steht eine allein,

manchmal sprang eine aus dem Gleis,
Schienen, versunken im
Beton, verlegt von den
Geschundenen,
das Todeskommando.

Drei Männer in einer Koje,
der Kessel mit der Wassersuppe
in der Mitte der Baracke.

Geblieben die Steine,
Bruchstücke des hier
gebauten Gefängnisses.
Geblieben die Eichen,
rau, gegabelt,
ihre Wurzeln, letzte Zeugen
der Erde, der Asche.

*Peter Frank*

**Leeres Haus**

Sie liebte Musik
sagen die Abdrücke
im schweren Teppich,

die Notenblätter
im langsamen Rieseln
des letzten Spätsommerlichts.

Eine kluge Frau
sagen die Buchrücken,
still wie der Staub.

Sie mochte Menschen
sagen der runde Tisch,
die großen Gläser.

Sie lebt hier nicht mehr
sagen die Geranien, das Gras
zwischen den Steinen.

*Peter Frank*

**Landschaft im Norden**

Schatten der Rohrweihe,
schwebend über dem Ried,
Treibholz, Tauwerk, Tang,
Bruchstücke einer Brücke,
das Gedächtnis der Pfähle.
Landschaft wie eine Klinge,
die die Augen aufstemmt,
als wollte sie das Sehen lehren.

Unter der Wolkenweite
wird der Mensch zum Strich,
eine Figur von Giacometti,
in den Wind gedreht,
den alten, nie endenden,
salzweißen Gesang, eine
verrückt gewordene Drehorgel.
Wer hier lebt,
wiegt seine Worte lang
& schweigt für immer.

*Peter Frank*

**Blick in ein Zimmer**

Das weiße Laken
über dem Nachmittag,
die gefalteten Hemden im
halb geöffneten Schrank,
am Haken die Jacke,
die er so gerne trug,
Figuren einer Schachpartie,
unterbrochen wie um
ein Bier zu trinken,
die Brille neben der Zeitung,
darin die Luft leise blättert.


*Peter Frank*

**Am Aralsee**

Ruinen der Leuchttürme.

Wrack, rostschwer,
Gestrandet in einer
Wüste aus Muscheln.

Verkrustet das Logbuch.
Versandet die Netze.
Versalzen die Zisternen.

Hände, alt wie das Wasser,
Stoßen ein Boot in den Abend.

*Peter Frank*

**Boote**

Die Läden geschlossen,
verlassen die Dörfer,
die Küsten,
von Trauer bewohnt.

Sie stiegen von den Bergen,
den Bergen, die sie kannten,
schlugen Holz für die Boote,
zahlten den Geistern Tribut,
die Pässe gefälscht,
verschütteten Schnaps,
hoben den Schweinskopf,
das Schweigen der Frauen,
eine schwarze Schuppenhaut
auf der dreinamigen See.

In den Booten Reis, Ölzeug,
die Toten.
Ein weißer Schrein über
dem leeren Meer.

*Helmut Glatz*

**Wir sind nur fremder Welten Spiegelungen**

Wir sind nur fremder Welten Spiegelungen,
sind flüchtig wie des fernen Nordlichts Schein,
und unerhört, mit wilden Feuerzungen
drängen fremde Geister auf uns ein.

In immerwährender Osmose gleiten
durch das Selbst, das wir doch selbst nicht sind,
Aberbilder voller Seltsamkeiten,
oszillierend noch im Zeitenwind.

Und wenn wir dann die Dimensionen tauschen,
der Raum zur Zeit wird und die Zeit zum Raum,
wird bleiben nur ein unerhörtes Lauschen,
ein dunkler Schleier über eurem Traum.

*Helmut Glatz*

**Respighis Gärten**

*(Romantische Nacht)*

Am Abend riecht das Land nach weißen Nelken,
wenn die Pinienschatten mich umwehn.
Blütenblätter, die im Mondstaub welken,
runde Vasen, die im Dunkeln stehn.

Am Abend geh ich durch Respighis Gärten,
eingehüllt in blaues Dämmerkleid,
ganz von fern die Lieder der Gefährten,
Schein des Feuers in der Einsamkeit.

Brunnen murmeln leise ein piano,
ich fühle kühl den glatten Marmorrand.
Das Wasser tanzt ein Scherzo veneziano
in meiner weiten, ausgestreckten Hand.

Sehr viel später fallen sanfte Tränen
aus den Augen dieser stillen Nacht.
Die Flöten schweigen. An den Bäumen lehnen
meine Träume, und ich lächle sacht.

*Helmut Glatz*

**Debussy**

Er[1] schrieb vom Zauberglanz unendlich blauer
Pausen, die ins Meer der Töne fielen,
auf dessen Wellen helle Lichter spielen
im ewigen Tanz von Heiterkeit und Trauer.

In seltsamer Verwandlung werden Schleier
zu schönen Körpern, die hernach vergehen.
Bemerkst du es, so ist es schon geschehen.
Wie Lachen tönt`s im Uferschilf am Weiher.

Und aus dem Laubwerk klingt der Flöten Klage.
Ein Windhauch schaukelt leise in den Bäumen.
Chevaux de bois. Nun ist es Zeit zum Träumen
im Schatten dieser stillen Nachmittage.

---

[1] Felix Philipp Ingold in seinem Gedicht „Debussy": „Zwischen seinen Fingern blühen blaue Pausen auf ..." Aus: Die Welt hebt an zu singen, Reclam, Stuttgart 2011, S. 99.

*Helmut Glatz*

**Abreise**

Mein geflügelter Mund
BITTE IM GLEISBEREICH BLEIBEN!
küsst das silberne Rund
des Monds hinter öligen Scheiben.

VON DER KANTE ZURÜCK!
Zitternd wie alles, was war,
streicht mir ein Augenblick
ewigkeitstrunken durchs Haar.

Die Stunden im Ei
sind der Welt nicht verloren.
ABFAHRT SIEBEN UHR DREI.
Wir werden einst wiedergeboren.

Gefaltet die Zeit,
der offene Koffer daneben.
UMSTEIGEMÖGLICHKEIT
IST LEIDER KEINE GEGEBEN.

*Helmut Glatz*

## Hält Genf an diesem Zug?

*(Einstein)*

Muskelspiel der Dampfmaschinen,
welches nach Erlösung rief,
ist wie Hoffnung in den Minen
Minotaurus´: relativ.

Ariadne webt die Fäden
spinnenhaft im Labyrinth.
Relativ der Flug der Städte,
die aus Nacht und Schimmel sind.

Züge, die ins Leere fallen,
Zeichen auf die Stirn gemalt.
Ikarus ist tot in allen.
(Relativer Aufenthalt.)

*Helmut Glatz*

**Quantenträume**

Zeit ist mir ins Netz gegangen,
nun beginnt sie, sich zu biegen
und hängt klebrig und mit langen
Fäden an den Eintagsfliegen.

Schemenhafte Mehrfachwelten
spiegeln sich im goldnen Harze.
Eh sie von den Sehnen schnellten,
trafen Pfeile schon ins Schwarze.

Tränen aus dem Harz der Bäume,
Lavafluten, Meereswellen:
Flüchtig sind sie wie die Träume
in den Augen der Libellen.

*Helmut Glatz*

**Windgedicht**

Der Wind ist ein Wanderer
er wandert die Alleen
entlang Geliebter der Bäume
kämmt ihre Haare
fährt ihnen unter den Rock

auf den Plätzen blättert er
die Zeitungen um
schaut in die Bierkrüge und Kaffeetassen
plaudert mit den Reklametafeln

Er riecht nach Strand und nach Meer
nach Gebirgen und Wäldern
Manchmal rüttelt er an den Dachziegeln
klopft an der Türe setzt sich an meinen Tisch

Dann erzählt er mir Märchen
von Stränden und Meeren
Firneis und Fichtenwäldern
Ruhe dich aus Asylant sage ich
Eine kleine Weile bis deine
Aufenthaltsgenehmigung
abgelaufen ist

*Volker Teodorczyk*

**Was übrig bleibt**

Zwölf Säcke stehen gut gefüllt
Im Flur auf Steingutstufen
Zuvorderst Bilder, unverhüllt
Die fremde Meister schufen

Ein Schneemann, sichtlich angegraut
Schaut einsam in die Runde
Und Schiffmodellen, selbst gebaut
Schlägt nun die letzte Stunde

Es liegen Bilder in schwarz-weiß
In einem Schubfachboden
So schließt sich nun ein Lebenskreis
Aus vielen Episoden

Auf Abfallsäcke reduziert
Ist hier ein Menschenleben
Es wird entsorgt, recht ungeniert
Die Schlüssel übergeben

Begrenzt ist jede Lebensfrist
Und nichts kann man vergüten
Doch völlig offen, ja das ist
Die Zahl der Abfalltüten

*Volker Teodorczyk*

**Verkehrte Welt**

Der Stumme spricht sein Nachtgebet
Ein früher Vogel kommt zu spät
Wer taub ist, hört gern Radio
Der Griesgram ist am liebsten froh

Ein Autohändler ist reell
Der Lahme geht am liebsten schnell
Die Südsee friert des Nachts meist zu
Im Schwarzwald lebt das Känguru

Die Nonne hat sich frisch verlobt
Der Dalai Lama schreit und tobt
Im Schnaps ist selten Alkohol
Wer schreit vor Schmerz, der fühlt sich wohl

Der Grobian ist zart und lieb
Wer ehrlich ist, der gilt als Dieb
Die Frauen hassen Kamm und Fön
Der Nacktmull, der ist wunderschön

Wie ist sie doch verrückt, die Welt
Sie scheint wie auf den Kopf gestellt
Doch sorg dich nicht und mache mit
Und halte angepasst den Schritt

*Volker Teodorczyk*

**Mächte**

Gewalt, nicht ausgeübt
Doch wahrgenommen
Durch überlaute Stimmen
Und Gesten, böse Blicke
Wie dumpfe Schläge, Tritte
Und schlimmer als die Tat
Vermag Vorstellungskraft
Schmerz zu erzeugen
sie schüchtert ein
Droht, macht mir Angst
Dass selbst der Held in mir
Sich schlafend stellt
Mich ignoriert

Sie ist zurück
Ist angekommen
Sie war nie wirklich fort
Hielt sich versteckt
Nun fasst sie Mut
Tritt fordernd auf
Und schüchtert ein
Nimmt sich das Recht
Beansprucht Macht
Benutzt die Angst
Als Weggefährten

Nun wird es Zeit
Wir sollten
Unsere Helden wecken

*Volker Teodorczyk*

**Nachbetrachtung**

Ach könntest du doch einmal noch
Zum ach wievielten Male
Mich fragen
Was Abseits ist
Und auch warum
Die alle kurze Hosen tragen

Einmal noch neben dir
Im dichten Regenguss
Durch Kurven sausen
Du hupst beschwingt
Ganz ohne Licht
Und Atempausen

Noch einmal diskutieren
Du führst gekonnt das Wort
Sehr engagiert, beseelt
Ich nicke ab und an
Dann schweige ich dezent
Wie schmerzhaft es mir fehlt

Wer spendet Zuversicht
Nimmt zärtlich meine Hand
Ein Blick nur, lediglich
Er gab mir Kraft und Trost
Es macht so wenig Sinn
Das Leben ohne dich

*Walter Kiesenhofer*

**spätherbst**

die wiesen abgeträumt
über dem gänseruf turnt
mein gedanke zwischen
ersten kristallenen flocken
am erlenbaum wartet der winter

graue worte wiederholend
die großen himmelsbeeren
drüben in der stadt
zieht ein pfarrer seinen kirchturm
singend durch die strassen

in verlorenen schneckenhäusern
will man keine
fuge von bach hören
der fleischermeister ruft
seine schäfchen zusammen

erster reif setzt sich
in den irdenen krügen der bauern
die freundlichen birken
warfen lang schon
ihre wörter von sich

die kinder basteln
an ihren
zimtsternen

*Walter Kiesenhofer*

**nachtwallender mantelrochen**

diese stohhalmgedachten
parolen -

kannibalengeschwafel
ein rilkegedicht

halbgares wurmgeflügel
das hauptgericht

anschließend
ein frommes nachtgebet
auf das nachtkästchen
gelegt

komm,
nachtwallender mantelrochen,
komm!

*Carsten Rathgeber*

**Zeitzeichen**

Zeit tropft und verrinnt
Wartet vor dem Kreuz
Geschlagenes Holz
Ein Kriegsjahr beginnt

Takte begrenzen Maschinenträume
Innerlich harren und leben die Kriege
Zahlen tanzen, gespiegelte Räume

Die Geister sind Wanderer
Jeder sei ein Anderer
Und alle Götter schweigen
Das letzte Wort als Reigen

*Carsten Rathgeber*

**atmung**

immer suche ich zeichen
helles wasser mit fischen
trage steine und farben
ein rauschen in den taschen

morgens beim grünen weiher
fällt licht durch bunte blätter
goldene fische warten
es schimmern alle masken

spricht meines bruders gesicht
in strahlendem sommerlicht

leben erscheint so vage
verwoben jede lage
die kristalle wandeln sich
dein lächeln befreit auch mich

die gedanken werden weich
und unsere haut so leicht
bei dir kämpfe ich ja nicht
werde heil zur letzten sicht

*Carsten Rathgeber*

**Freisein**

Katzen in Höfen jagen
Hunde zum Mondlicht jaulen
Platzwarte sie verjagen

Es grölen Hafenkinder
Im Glanz der roten Lichter
Es wehen Meereslieder
Zur Liebe ferner Dichter

Wir suchen unsre Wege
Ringen um unsre Nähe
Vermeiden die Anträge

Ich fange dir den Mondschein
Mit beiden Händen spontan
Wir verpassen unsre Bahn
Wir lachen und wir weinen

*Carsten Rathgeber*

**Das Schweigen der weißen Engel**

Weiße Wasserschleier weben
Auf grünen Teichen sie wehen
Kühl sie lecken wie Amöben

Wo nur allein das Schweigen spricht
Hören wir das Taubengurren
Trommeln die Tropfen an Scheiben
Blinkendes entführt jede Sicht
Und zum Meer die Bilder fliegen
Wüste und Bäume sie wiegen

Weißlich hell wird jedes Schweigen
Erhört fremdes, fernes Beben
Die Klänge sich seltsam neigen

Tief zur Nacht ein Engel wartet
Schlafende vor Fremdheit bewahrt
Geduldig er wacht und tröstet

Im Traum der Engel uns verzeiht
Sein Atem uns das Wollen leiht
Sein Frohsein Leben tröstlich streift

Das Schöne ist fern der Jahre
Die Spuren finden sich vage
Wäre weiß doch eine Farbe

*Carsten Rathgeber*

**s-m-s**

\*\*\* :: pling
s-m-s quittierungslos
scharnier im zwischen
farbloser zeichen
im raum der welten
flirrender fäden
silbriges singen
regenbogenlos
plong :: ###


*Carsten Rathgeber*

**meine S-M-S an dich**

Ein Regenbogen
Öffnet Ewigkeitsfugen.

Er ist ein Scharnier
Zwischen dort und hier.

Die Seelen wachen.

Meine Zeilen sind Gesten
Der Seelenboten.

Dein Atem verführt
Das Nah-Sein berührt.

*Carsten Rathgeber*

**Hafenluft**

Anlegersteg
Möwengeschrei
Flusswasser spritzt
Sonnenduft schwebt
Fernwehblicke

Die Wörter reden
Mit deinem Handy
Zu fernen Geistern
In fremde Welten
Knappe S-M-S

Bunte Farbe
Auf naher Haut
Make-Up der Zeit
Versteckte Welt
Unter Seide

*Carsten Rathgeber*

**Präferenzlos**

Hinter den schwarzen Fäden
Verbirgt sich euer Sehen
Und der Blick des Ewigen

Himmelshonig tropft entlang
Auf den silbrigen Fäden
Verklebt es uns zum Gewand
Erhält dir hier das Leben
Und fern der Präferenzen
Färben Perlen die Herzen

Wer schneidet uns die Fäden
Schmeckt das süßliche Metall
Wir sind nun blind und schlafen
Doch ein Ohr hört einen Hall
Ein Hin-und-Her der Stimmen
Stumme Stille im Rauschen

Deine Pulse kennen sich
Deinen Atem und dein Ich
So farbenlos innerlich

*Carsten Rathgeber*

**lösung**

als wir uns trafen
gingen wir zügig zur stadt
schoben die räder

wir sprachen geübt
über gott, kunst und leben
nicht von eifersucht
oder versteckter sehnsucht
doch auch vom wetter

es fielen tropfen
unerwarteterweise
löste uns regen


*Carsten Rathgeber*

**entschuldigung**

oh bitte verzeih
mein lächeln
auf deine frage
zum schlüssel

es galt einem scherz
nicht deiner frage

deine verstimmung
kann ich verstehen

*Carsten Rathgeber*

**Abschiedsstunden**

Dir bleibt der letzte fragende Blick
Der die Lebensverzweigungen kennt
Nach Halt und Sinn beinah kindlich sucht

Dieser letzte feste Händedruck
Wie ein Bekenntnis und Geständnis
Zum Ich, zu dir und zum Lebensglück

Noch suche ich ein ruhiges Land
Mit einem Sinn und dem festen Stein
Dazu auch Wälder am Meer mit Sand

Doch die Steine glühen und schmelzen
Die graue Asche fällt auf Blätter
Das Meer löst täglich seine Grenzen

Du nennst so spät die Wörter, deine
Es bleiben unsre letzten Stunden
Die Bilder sind immer nur meine

*Carsten Rathgeber*

**Sibtulitäten**

Das ist sibtul.
Du meinst subtil
Oh, niemals grob.

Es ist feiner
Rätselhafter
Verborgener
Filigraner
Ach, verdrehter

Subtile Welt
Sibtuler Held
Oh singulär
(Beinah vulgär)


*Carsten Rathgeber*

**Im Nachgang**

Nach den Wörtern
Erzählen Stimmen
Bildergeschichten
Muster erzittern

Es pocht in Träumen
Und sucht sich Zeichen

Zwischen Meer und Land
Weht heller Flugsand

*Carsten Rathgeber*

**Das letzte Wort**

Denk dein letztes Wort
Wäge die Silben

Atme dieses Gold
Es ist die Bindung

Ob Ich, ob Kinder
Die Liebe, das Meer
Vielleicht gar ein Gott

Denke – oh Gnade –
An rote Lippen
An Umarmungen

Ist es ein Dennoch
Eine Zahl mit Sinn

Es folgt das Schweigen
Die stillen Gesten

*Carsten Rathgeber*

**durchsichtig**

glasklare weltsicht
zerbricht
unter spannungen

träumt mein ich
sortiert gläser
sortiert auch mich
sinkt in kissen
fällt auf wörter
entgliedert sich
intuitiv
bindet logik
gefühle

morgens schläft
im glaspulver
die seele

*Carsten Rathgeber*

**Meereslicht**

Unruhe an herbstlichen Stränden
Bei Stegen mit salzigen Winden
Mit Blicken der Sehnsucht zu Booten

Verborgen am letzten Tisch beim Tee
Allein mit grauen Wellen der See
Erinnern mich Bilder an Gassen
Mit bunten Mädchen und Matrosen
Höre ich alte Seemannslieder
Vom Kampf der Seele mit Dämonen
Sehe ich weiße Regenbögen
Und vom Nebel verschluckte Lichter

Helle bläuliche Blitze leuchten
Muscheln ahnen um Entbindungen
Und den Sinn der späten Häutungen


*Carsten Rathgeber*

**160 Zeichen**

Dichter Welt-Rahmen
Gegeben sind
Begabungen-Neigungen-Masken
Wahl von Ort-Zeit-Grund
Lücken ( - ) bleiben
+ Vielleicht Kaffee?
+ Seide uns verbindet

*Carsten Rathgeber*

**Bindungen**

Urplötzlich beginnen Nächte
Den Himmel färbt schwarze Tinte
Es glüht und lodert am Rande
Dieser letzte Schein, der rote

Stiller Atem erahnt das Sein
Die Welt schimmert hinter Gittern
Ein Wind flüstert zu den Blättern
Doch die Welt schweigt für sich allein

Die Weisen nennen Gestalten
Die uns prägen und auch fügen
Es bleiben uns die Bindungen
Für die wir zärtlich empfinden

*Werner Klenk*

**doppelbildnis**

taifunartiges im osten
wortgefügtes im äther
zikadisches im feld

sternenstaub und eines
oleanderblüte und anderes
wurzelgeflecht und aufrechter gang

befindlichkeiten immer schon
zeitenlauf mit psychischem apparat
sinnmechanik als ping pong

im süden revolte mit lautmalerei
an und für sich einzig der geistesgeist
nichts ist der fall open end


*Werner Klenk*

**ich suche**

ich suche
das leichte wolkenwort
die lichte sprache
jenseits des rechners
und der kamera

ich fand beides
nur noch im schweigen
im aufhorchen
außerhalb des mülls
im mündungssand

*Werner Klenk*

**nun und nu**

nun ich lese noch
zeitungen prospekte romane
flugblätter beipackzettel

aber nur im nu
fängt feuer mein geist

noch trinke ich wein
denke fahre fahrrad träume
und habe ein sexualleben

aber nur im nu
hebe auf ich mich

im löß bleibe ich verwurzelt
auch gehören douglasien
brackwasser und geröll zu mir

und doch dauert alles
ein nu nur

*Werner Klenk*

**am see**

seespiegel glatt
coelinblau silbrig
wolkenweiß weit
schweift das licht
an den ufern
stehen stämmig
uralte weiden
ihre arme kühlen sie
im flachen wasser
mächtig sind ast und
wurzelwerk grüntöne
hohl mit auswüchsen
ihr schattenwurf birgt ruhe
sie bieten allerlei getier
unterschlupf brutstätte
nestbaumaterial nahrung
in den blattdächern
singen verborgen die vögel hell
langsam aber vergeht die zeit

*Werner Klenk*

**schwarze äste**

schon teilen die schwarzen äste
der kastanien das metallische blau
die herbststürme kommen von weit
die nächste stufe aber
fällt uns nicht leicht
dennoch nehmen wir sie
wie sie auch uns aufnimmt
nein wir verstummen noch nicht
wir singen wieder das atemlied
und wieder den lichtgesang
dabei nähern wir uns der erde
wie dem himmel

*Karl-Heinz Fricke*

**Kumpel unter Tage**

Zahltag war es in der Mine,
Vater brachte Geld nach Haus.
Er gibt alles seiner Trine,
er verdient, sie gibt es aus.

Vieles fehlt noch in der Wohnung,
schwer die Arbeit tief im Schacht.
Liebe ist für ihn Belohnung,
täglich und auch in der Nacht.

Leicht ist seine Arbeit nicht,
vielseitig und meistens schwer.
Hinderlich mit trübem Licht,
Sicherheit ist kein Gewähr.

Früh um fünfe gehts zur Arbeit,
fleißig tut er seine Pflicht.
Nach acht Sunden ist es soweit,
macht zur Ausfahrt sich bereit.

Greift nach seinem Grubenlicht,
wieder eine Schicht vorbei.
Hoch geht es ins Sonnenlicht,
zu der Frau und Kinder drei.

*Regina Jarisch*

**deutsches theater**

unter leerem himmel theatert es
und zungen überschlagen sich in berlin
in berlin im flüchtlingsgezeter
kein ort für fremde träume

aus den wolken fällt ein
verrückter sommer voller
hochtemperaturen die
bringen sie mit
aus dem süden unserer träume

auf den straßen schreit es
und ich könnte schwören
das wetter ist das letzte was
kocht in diesen tagen

auf dem meer treiben sie
über rhodos vielleicht
die boote ziehen
kippen aus und darüber
schlagen hohe wogen

jedermann klagt jedermann spielt
im deutschen theater
verfängt sich hiob und
sucht seine welt

*Regina Jarisch*

**als großvater mir geboren wurde**

die worte schreibt er dahin
träumt von heimat und liebe
von einem anderem leben
verloren in einsamen sätzen
die sich am saum der zeit vernähen
am tagewerk kleben oder ausreißen
in vergangenes schwankend
verklären verlieren sich sinne

im rausch der fernen wälder
lässt er das schreiben
stemmt die sätze gegen den wind
aus dem herzen brechen die verse
blutig vielleicht auch die finger
die stirn schweißnass klatschen
ungelesene worte in den ozean
eines vergessens

bis ich gefunden die flaschenpost
befingere begreife
seinen geist
ein zwei drei sätze atmen schwer
aus vergilbtem papier
es rüttelt mich und ich reise
hinüber zu diesem träumenden
jungen im nebel

eine spur

*Regina Jarisch*

**Liebe**

hoffen und täuschen
wiegen einander
in den armen
liegen sich in den haaren
treffen sich im leib
im hirn und anders

wo auf der gasse
wie paul und paula

unzertrennlich
oder zertrennt
einsam und scheinsam
auch das licht der nächte
und das tagegeflüster

kommen und gehen
womöglich gebettet

in rosen unschuldig
weiß oder blutig rot
aus den frühlingsknospen
entsprungen und blühend
bis in den spätherbst
und der winter vergisst nichts

geborgen im gewiss
trocknen die tränen

Regina Jarisch

**grund los**

traumzerschnitten die nacht
morgenwach vernebelt
zickt gegen den ersten
sonnenstrahl angst
prallt in den schuldlosen
tag

wie kann ein tag
schuldlos sein

geboren aus dieser nacht
und im trüben früh
fliegen schwarze punkte über
mein und dein wie flau
wird mir im blauen
kleid

wie könnte ein kleid
mir ein weh

es legt sich frech in falten und
klebt an den bestrumpften beinen
lässt mich schimpfen gegen
die angst im spiegel der
zähen restnacht wo der
kater

wie könnte ein kater
mir die schuld

seine krallen wecken tot geglaubte
gespenster mit grünen augen
koche den kaffee
für zwei in dieser stunde
vergaß ich den verlassenen
tisch die zerschnittene
zeit

was kann die zeit
mir denn tun

erinnerungen flackern auf
mosaike zerfallen
in meinem kopf
ziehe die angst unter das
kleid der zeit schiebe die schuld
dem tag in die
stunden


*Regina Jarisch*

**luft not**

stammdaten ziehen fäden
verwickeln sich im netz
verdrillen den strick

der dreht um den
dünnen hals
die schlinge

*Heike Streithoff*

**Date im Akkord**

Die Anzeige, die E-Mails, die Fotos,
Partnership-Werbung im Account.
Ich will so sein, wie ich bin!
Ich will keinen Dreier.
Der Maskenball beginnt.
Falsche Emotionen, Liebespausen.
Du bist nicht die Erste,
zurzeit aber die Letzte.
Es ist, wie aus der Reihe tanzen,
beim Daten.
Schattenplätze
auf edlen Terrassen,
die Kuchenauswahl stimmt.
Die Jobs, die Freunde, die Eltern,
alles wird angequatscht;
Rauchen nicht,
Trinken? Seit dem dritten Lebensjahr
hänge ich nicht mehr an der Flasche.
Freche Sprüche ausprobiert,
Pannen glattpoliert.
Der Aufbruch schnell,
das Lachen leicht.
Jeder hat noch etwas zu tun,
kurz vor Ladenschluss.
Dazwischen ein Tag Pause.
`Keine Gemeinsamkeiten`,
unter den vielen.
Eine Affäre sollt's werden?
Gebundene suchen. Aus.
Die Nummer kann ich nicht streichen.
Die Stille kriecht unter die Haut.
Schön war's, reinen Herzens.
Ich fühle mich wie ein Nichts.
LIEBE,
was ist Dein Zeichen?

*Heike Streithoff*

**Bei sich sein**

Im Karussell der Zeit
beflügelt Zeit den Wettstreit.
Zeit dreht sich um in Besitz sein,
Seele quetscht sich dazwischen.
Freie Zeit, Auszeit,
Befreiung von Zeit.


*Heike Streithoff*

**Winterlauschen**

Tanzende Bäume
Schneebedeckte Felder
Rieselnde Lüfte
Seelenatmen
Stilles Fest
O du, Geschenk und Gabe
Ein Blick umarmte.

*Heike Streithoff*

**Elegie**

... ich sehe Deine von der Sonne gebleichten
Haarspitzen zum Greifen nahe an mir vorbeihuschen;
strohig, hitzig, fahrig.
Das Meer durchwirbelte Dein feines Haar.
Sommer, Wind, Rauschen.


*Heike Streithoff*

**Unnütz**

Nützen
nützlich
Nutzen
benutzen
schädigen
beschädigen.
Schaden
berauben
ausrauben
rauben
entschädigen.

*Hannelore Furch*

**Der Henker-Mond**

Ich war im Traum allein,
dann stieg der Mond dort ein,
bekam ein Menschgesicht
und wurd' zum Bösewicht

so wie's mein Nachbar war.
Ihm glich der Mond aufs Haar
und schwang die Axt nach mir,
und war der Henker hier.

Er stieg zur Nacht hinaus
und schien ins Nachbarhaus
und trug jetzt mein Gesicht
und mocht' den Nachbarn nicht.

Er stand nach Mord und Tod
verblasst im Morgenrot
im reinsten Friedenssinn
und zog in Unschuld hin.

*Hannelore Furch*

**Balzschmuck**

Kein Kieselsteinchen weist
des rechten Weges mich.
Am Waldrand schnell ich hoch,
die Rute war's, vom Baum,
sie spießt als Teufelsbrut
am hohen Ast mich auf.

Tief unter mir stolziert
ein Auerhahn auf Balz,
nimmt auf im dunklen Kleid
die Tröpfchen dicht an dicht
und wählt die Farbe Kirsch.

*Siegbert Dupke*

**Wuppertal wuppt urban**

Blick aus der S-Bahn nach Hagen,
historisch bebaute Hänge,
die Schwebebahn über dem Fluss,
auf halber Höhe Fernradweg.

Wo kurze Strecken sich rechnen
im Gebiet am Rhein und der Ruhr,
liegt manche Chance an Trassen,
kostet dennoch eigene Zeit.

Friedrich Engels warnte Menschen
vor Wohnungsnot, die sie erschlägt.
Verkehrschaos und Zersiedlung?
Damals kein drängendes Thema.


*Siegbert Dupke*

**Lapidar**

Dichte dichter
kürze Längen
bis übrig bleibt,
der Weisen Stein.


*Siegbert Dupke*

**List auf Sylt Sommer**

Dünengrasflächen
bewässert Morgennebel
vor Sonnenaufgang.

*Siegbert Dupke*

**Strasbourg Grand Est**

Region neu mit Reims,
Metz, Nancy, Vogesen.
Sprachengrenzen fließen
bereits zur Goethezeit,
die Weinstuben blieben
Gemeinschaft verändert.

Europaparlament,
Gerichtshof zur Sorge
um die Menschenrechte.
Wirksam überwunden
nationales Deutsch
der beiden Weltkriege.

Kulturgeschichtliches
respektvoll erhalten,
Petite France an der Ill,
zentrales Westbauwerk
am Straßburger Münster,
Gassen und Boulevards.

*Michael Johann Bauer*

**geist'erzeit**

*kunst:* der entwurf von neuen sprachen in kritzelheftchen,
die kandidatur der tiere; absurdes und um-ecken-denken;
bunt geschecktes, wie liest sich das denn und dann auch noch
die kreise und symbole: o! ein rabentintenklecks oder ist es
doch eher tusche? jemand will davon erzählen; ich krieg' das
gefühl, ich sage besser nichts, weil jedes wort so wichtig wär' –
vielleicht geht es gar nicht d'rum. jetzt musik und l.#rm; originell
soll sein! irgendwie ist jeder auch ein wenig verliebt.
als gäb's 'ne geheimbotschaft zu entziffern, die bewusst
auf falsche fährten bringt? *(die sich selbst über=zahl*
*anderslautender wie fluider deutungsparameter)*

da liegt ein buch 'rum, mit zerfledderten seiten;
auf dem umschlag ein dreckiger fußabdruck.

*Wolfgang Jatz*

**Liebe Klassenkameraden!**

*Brief 1*

Ich glaube nicht
dass das für mich
mit meinen leidigen
Magendarmproblemen
das Richtige ist so ein
Feierwochenende
zum Fünfzigsten ...
in „Entenhausen"
wie es der Lutz
zu nennen pflegt.

Anbei mein neuester
Wurf „Chinstla"
Grüße vom immer noch
regen „Geist"
Wolfgang

*Wolfgang Jatz*

**Chinstla**

*Brief 2*

In den 70er Jahren
studierte ich Musik
in Trossingen komponierte
malte und schrieb
bald erste Gedichte.

Da hatte ich andere
Dinge im Kopf
als Politik
und Revolte.

Später bei Lesungen
in Freiburg kritisierten
die Linken meine
oftmals persönlichen
romantischen auch
religiösen Texte.

Das waren politisch
engagierte 68er
Und ich –
Der Waldheini
und Chinstla.

*Wolfgang Jatz*

**Liebe Klassenkameraden!**

*Brief 3*

Ich danke Euch für Eure netten Ratschläge
zu Gesundheit & Lebenswandel.

Bei H. Hesse habe ich erstmals gehört
von vita activa & vita contemplativa.
Für manche Leute besteht das Leben aus
zwischen Arbeit & Party wechselndem Stress
(für mich also beides vita activa).
Bei denen muss immer was los sein. -
Und es gibt die anderen, die lieber
etwas abseits stehen und betrachten,
was sich so tut (vita contemplativa).
Und beim Nachdenken entstehen eben
manchmal Gedichte, Geschichten, Romane
(was wiederum Arbeit ist, also vita activa).

Nun was ganz anderes: Es gibt hier
in der Nachbarschaft eine Person,
die uns schwer zu schaffen macht,
unter anderem durch Falschbeschuldigungen.
Sie hat nach einem Jahre zurückliegenden Unfall
einen Leistenbruch, hängt alles draußen rum,
und sie kriegt es nicht mehr rein - in den Leib.
Aber sie lässt sich einfach nicht operieren.
Diese enormen körperlichen Beschwerden
sind ihr offenbar in den Kopf gestiegen.
Es würde mich interessieren,
was unsere doctores zu diesem Fall sagen.
Das ist auch der Hauptgrund, warum mir nicht
nach Feiern zumute ist. Vor allem deshalb
war ich seit Anfang Januar nicht mehr
in München bei meinem Bruder.

Abschließend möchte ich B. vorschlagen,
wenn er dazu Lust hat - und gerade mal wieder
Freiburg & Himmelreich auf dem Weg liegen,
dass wir uns dort (in H.) wie gehabt treffen
und über alles reden,
auch über Klassentreffen & Jubiläen.
Seid gegrüßt vom
Wolfgang

*Wolfgang Jatz*

## Brief an M.

*Brief 4*

Manches von dem, was Du nun hier zu Gesicht bekommst,
sind typische Auswürfe eines Stadtneurotikers.

Zunächst möchte ich Dir danken dafür,
was Du (und viele andere,
ich nenne Euch jetzt mal
„Helfende Hände")
für die Menschheit leistest.
Sicherlich gibt es in Nepal,
auch wegen der Armut,
immer noch viel zu tun,
jetzt, lange nach dem Erdbeben.
Bleibt Dir denn auch Zeit
zum Wandern und Bergsteigen?

Da hast Du ganz recht:
Es ist etwas düster,
was ich da schildere
aus der Nachbarschaft.
Es liest sich fast wie ein Krimi,
doch ich schreibe meist
selbst Erlebtes und kaum Fiktives.
Krimis gelegentlich anschauen - schon,
doch so was schreiben könnte ich nicht.
Wie unser Heimkrimi ausgeht,
wird sich zeigen.

Ich bin vor einigen Jahren
auf einen zeitweiligen Klassenkameraden gestoßen,
den Helmut-Maria Glogger.
Früher war er noch ohne die Maria,
aber da er dann, wie Rilke,
zur schreibenden Zunft gehörte: mit!

Er hat Bücher geschrieben u.a. über
das englische Königshaus und Meryl Streep.
„Glogger mailt" hieß seine Kolumne
in der Pendlerzeitung „Blick am Abend".

Soeben habe ich im Internetcafé erfahren,
dass er im Alter von 68 Jahren
bei einem Unfall in Zürich
leider verstorben ist.

Damals in den 60ern
war ich bei ihm in Nymphenburg
auf einer Silvesterparty.
Da war auch der F. mit seinen
Lieblings-Kassetten anwesend.
Natürlich mit Beat-Musik!
Ich weiß, Du mochtest lieber Beethoven.
Aber man muss auch bedenken:
Das ist das Aushängeschild unserer Generation.
Ein Messie wie ich
Die Bude voll
mit Büchern
Zeitschriften
Manuskripten.

Grüße aus Freiburg vom
 Wolfgang

*Wolfgang Jatz*

**Brief an alle**

*Brief 5*

Nicht, dass ihr jetzt denkt,
ich sei literarisch eingeschlafen.
Bei so einer netten Nachbarin
braucht man keinen Dostojewskij,
da schreibt man seinen eigenen
Krimi „Schuld und Sühne".
Will man spannende Geschichten schreiben,
kommt einem so ein Konflikt gerade recht.
Da meine bisherigen Briefpartner
B.L. und N.H. gerade schweigen,
freue ich mich besonders
über den neuen Briefpartner G.F.
Der Leonce-und-Lena-Preis,
den der H. erwähnt,
war mir bisher unbekannt,
ich wusste nur vom
Georg-Büchner-Preis.
Vor allem der zweite wird nur
an Großschriftsteller verliehen,
nicht aber an Dichterlinge.
Freuen wir uns mit Bob Dylan
über den LNP!

Grüße aus Freiburg vom
 Wolfgang

*Wolfgang Jatz*

**Briefprojekt
zum 50. Abi-Jubiläum**

*Brief 6*

Zu unserer hitzigen Satirendebatte
passend sende ich Euch heute
einen Traum-Realitäts-Text.

Ich hatte einen Traum
An dem Tag fühlte ich mich
besonders wohl
Geist und Seele
Seele und Körper
alles beisammen.

Doch ich fand ihn nicht
den Weg zur Schule
Und mir fiel auch nicht
das Lied ein uns'rer Schule
sondern immer nur
die Nationalhymne und
„Was für'n schöner Götterbraten!"

Manche Zeitgenossen
haben früh
mit dem Schreiben
abgeschlossen.

Ein anderer sang Lieder
nur auf Englisch
denn deutsche
die uns gefielen
gab es kaum.

Eine Französin damals
meinte erstaunt:
Warum singst Du keine
deutschen Lieder
immer nur auf Englisch?

Die Vergangenheit
hat uns unsere
Identität gestohlen.

*Wolfgang Jatz*

**Bücher**

Die zwei großen Bücher
der zwei größten Religionen
dieser Welt
Wann mache ich
einen Bogen um sie?

Wenn Strenggläubige sagen:
Wozu braucht es denn
noch andere Bücher
Wir haben doch
dieses eine.

*Wolfgang Jatz*

**Abschied
vom Forum**

Ist dies ein
Reimgedicht
wie ihr es gern
hättet?

Die Schlange
verspritzt ihr Gift
wie lange
noch.

Ist alles so öd
was ich schreibe
Ich schweige
nun.

*Wolfgang Jatz*

**Schule und später**

Und wiedermal aufgeschreckt
aus einem Schulalptraum.

Ich hatte die Möglichkeit
zur Bildung
und weigerte mich
Fühlte mich nicht wohl
in der Schule
War mir alles zu viel
zu viel an Stoff
zu viele Leute
Und immer eingepfercht.

Wollte doch nur
ein wenig Ruhe
und meditieren
im Wald.
Und siehe da
Zu guter Letzt
wurde aus dem
Verweigerer
und Naturschwärmer
doch noch ein
Bücherwurm.

*Martin Görg*

**Die Nacht**

Ein dunkles,
dunkles Blau
in dem Lupinen träumen.
Doch wo die Nacht den Traum
berührt, verwandelt,
ein stiller, sanfter Hauch,
unendlich
sanftes Grün von innen.


*Martin Görg*

**Die Monddecke**

In einer Nacht,
gewebt aus Wiesen,
Wäldern, Stille,
berührte mich der Mond.
Ich schlief.
Der Mond war hell.
Die Sterne leuchteten.
Nachtnebel zogen.
Sie waren mein Plumeau.

*Martin Görg*

**Wie eine Feder**

So schön du bist,
als weinte ich mit dir,
von ganzem Herzen trägt
ein Engel dir die Last,
so leicht, als lehntest du,
wie eine Feder, die
vom Himmel fiel, an mir.


*Martin Görg*

**Heute**

Heute steigt die Sonne
den Lupinen aufs blaue Dach,
weckt die Meisen,
schüttet Bienen über die Wiesen.

Ich öffne das Fenster.
Lichtblau sind die Rufe der Buchen.
Zwischen den Ufern
verklingt der Gesang der Nacht.

*Martin Görg*

**eschen birken**

sie wissen
verraten nichts
weil sie nichts zu verraten haben
raten nicht
raten mir nicht

sie grüßen
verabschieden sich
stehen beiläufig herum
da bin ich gerne
wenn ich umarmt werden will

ich melde mich nicht an
wenn ich vorbeischaue
stehe ein bisschen herum
schaue die roten vogelbeeren
die birkenweißen stämme

ihre grünen blätter
lassen sich bewegen
werden bewegt
bewegen

immer erwarten sie mich
setze mich dazu
in die wiese

sie fragen nicht
fragen mich nicht
was ich nicht beantworten kann

sie antworten und fragen
ohne dass ich antworte und frage
sie wissen
verraten nichts von dir
weil sie nichts zu verraten haben

*Martin Görg*

**Der Baum**

Im Blauen
draußen
steht der Baum
mit allen seinen Zweigen
sehr hoch.

Er will
er atmet seinen Traum
sehr still
und kaum
hörst du sein Schweigen.


*Martin Görg*

**Maitag**

Ein Tag wie heute sendet Mai
und Wiesen liegen südlich.
Es flüstert, dass ich dreißig sei,
die Bäume stehen friedlich.

Aus ihren warmen Schatten
fliegen Bienen auf.
Ich träumte schon ich hielt dich
in meinem Arm und Anfang sei.

*Martin Görg*

## Probe in der ev. Kirche Hartenrod

Verklungen sind das Flötenspiel,
der Schlussakkord des Cembalos,
du hattest eben noch gesungen:
‚Hinunter ist der Sonne Schein.'

Ein wenig ratlos sitzt du da,
auf der Stufe vor der Kanzel,
ein wenig müde in dich selbst gekehrt.

Ich ging zu dir, die Abendsonne schien
durch Kirchenfenster, weit in den
Kirchenraum hinein, und sah dich an
und fragte dich: „Wie geht es Ihnen?"


*Martin Görg*

## Im Märchenwald

im Morgenlicht
im See
im Nebel gleiten
im Gras
im hohen Schweigen
in dem die Fichten schwanken
in dem das grüne Wasser sonnt
bist du mir lieb in den Gedanken
und eine Königin.

*Martin Görg*

**Herbstmorgen**

Baumberge,
noch aus allen Ästen nebelnd,
die Wolken, die an Wolken hängen,
vertreiben sich die Zeit,
erwarten dich,
wie jeden Morgen schon.
Glockenblumen läuten Licht.
Bergeichen,
deren Zweige sich verkriechen,
verschlafende Lupinen
sind noch in Nacht,
in Regentropfen eingeträumt.

*Martin Görg*

**Die Sonne hängt die Sterne ab**

Alle Boote, der auf Land ankernden Lupinen,
zünden ihre Morgenlichter.

Die Sonne treibt Dunst,
treibt kleine Sonnen über den See.

Wir haben schon Badesachen an.
Schüchtern beginnt der Tag.

Ein wenig Stoff, ein wenig kühl,
ihr langes Haar noch zwischen Mond und Schlaf.

Birken blättern mit Zweigen. Wir gehen.
Birkenblätter an Zweigen.

Wir sind da. Auf dem Steg
deine Druckluftflasche von gestern.

Ein Rucksack und eine Wanderkarte
liegen daneben.

Die Sonne scheint
und wird mich gleich ins Wasser schubsen.

Wie der See mit sich alleine.
Wie der See für sich alleine. Schwimmen.

Der hohe Himmel lässt mich wieder
auf den Steg klettern. Grün wankt.

Warm sind die Planken. Ein leises Kichern,
Loslachen, weil irgendetwas klemmt

und nicht zu lösen ist vom Druckventil,
auch nicht mit dem Schraubenzieher

aus der Tasche. Nur helle Lüfte
und ihre Blütendüfte.

Du gehst nochmal zum Rucksack,
holst heißes Wasser, Milch,

zwei Becher und den Bio-Kakao.
Im Wasser rührend schütten wir ihn bei.

Sitzen ein wenig über dem Wasser,
ein wenig über dem See.

Im Schneidersitz. Uns gegenüber.
Stellen dann die Becher auf Holz ab.

Siesta, Pause, Zeit zu lesen.
Du lehnst dich nach hinten. Legst dich hin.

Dein Nabel als das Zentrum einer Wüste,
ein Brunnenschatten unter der Sonne.

Himmelsboote schwanken.
Grün schwankt. Es atmet schlankes Schilf.

Das Wasser ist von dunkelblauer Stille
und auch das Licht nimmt diese Stille an.

Darüber nichts als ferne Wolken,
die aneinander lose

und aneinander mit
und miteinander lose heimwärts schweben.

Es tanzen Sonnensterne
mit gelben Sonnenhüten. Du schläfst.

Dann wieder Wolkenschatten,
die flink über uns gleiten.

Admirale breiten ihre Flügel aus.
Zart vertäute blaue Koggen geraten

ins Schwanken. Zitronenfalter jagen sich
spielend über roten Sonnenbooten,

über schwarzblauen Koggen
wilder Lupinen,

segelnd durch und in das Sonnenlicht.
Kentern fast. Wie Lupinen schön.

Sein zwischen Zeit und Stille.
„Ach nein, muss nicht sein."

Du stellst die Druckluftflasche ab,
ziehst den Neoprenanzug wieder aus.

„Schläfst du? Komm mit zur alten Birke,"
springst mit einem Kopfsprung ins Wasser.

Ein Birkenhauch, ich springe auch.
Die alte Birke hütet unser Zelt.

Der Birke Birkenstamm lacht weißes Licht
und kleines Blatt für Blatt zittert uns zu.

Sitzen noch vor unserem Zelt
bis Schweigen in den Abend fällt.

Die Sonne bleibt noch länger bei den Booten.
Viel später erst hängt sie die Sterne wieder auf.

*Magnus Tautz*

**Ankunft**

Es geschieht, was sich
nicht hält, mit jedem Schritt
ärmeres Licht. Und ich

gehe mir nach und
überhole mich,
gehe mir nach bis

zum Einsturz der Staffage,
bis zur Ankunft der Engel
über den Haarrissen

abgegriffener Wörter.

*Magnus Tautz*

**Die Katzen von Split**

Scheu und stolz
wie das Licht
am Ujévićplatz.
Müdes Geläut
in dunklen Augen.

Sie tragen
die Male der Stadt
im Fell, Geschwüre,
beschlagen
mit goldenem Staub.

Sie fressen die Zeit
aus tausendjährigem Gestein
und abends,
was das Meer bringt,
unter heimlich
gedeckten Tischen
am Fischmarkt.

*Magnus Tautz*

**Zu dir**

Leicht auf dich hin,
wie Rascheln,
wie Papier,
dehnt jede Bewegung.

Ich könnte da sein,
ist Entfernung jedes Wort
und Zwischenraum
auf gleicher Diele

und wie die Zeit in uns hockt
und dieses Pochen. Starr
das Augenpaar
aus jeder Wand.

Licht steigt auf
im Treppenhaus,
zersplittert jede Stille.
Ich nehme, lausche,

komm aus
wachsendem Gesang
und ein, zwei Töne haltend
auf dich zu.

*Manfred Burba*

**Frühlingsgefühle**

*Für Ille*

Endlich wieder schönes Wetter,
klare Sicht und Sonnenschein!
Alle Menschen werden netter
und sind weniger allein.

Die Natur wacht auf und lächelt
fröhlich in die Welt hinaus
und bemerkt, der Winter schwächelt,
mit der Kälte ist es aus.

Frühling lässt Gefühle sprießen
und Verliebte finden sich;
es gibt Blumen zu begießen
und man sagt: „Ich liebe Dich!"

„Ach, ich kann es kaum erwarten,
danach steht auch mir der Sinn!
Frühling, komm in meinen Garten,
dass ich nicht mehr einsam bin!" –

*Manfred Burba*

**Global Players**

„Global" ist das „Wort des Jahres",
„Global Player" muss man sein!
„Global" bringt allein schon bares
Geld den „Global Playern" ein.

„Global Players" denken weiter,
über Hut- und Tellerrand,
„Global Players" sind gescheiter,
ausgebufft und weltgewandt.

Sie sind überall vertreten,
denn sie sind globalisiert,
ebenso wie die Moneten,
die man überall kassiert.

Heimlich, steuerfrei und leise,
schiebt man Geld von hier nach da,
ist es nicht auf einer Reise,
schiebt man es nach Panama.

Haben „Global Players" Sorgen,
(nur wer Geld hat reüssiert!),
werden sie von Heut auf Morgen,
einfach wegglobalisiert.

Keiner warnt und hilft dem andern,
„Global Players" sind brutal,
denn ihr Kapital muss wandern,
es ist multinational.

„Global" ist in aller Munde.
„Global" gilt als fortschrittlich!
„Global geht die Welt zugrunde:
Jeder „globelt" nur für sich!

*Manfred Burba*

**Grillsaison**

Die Natur ist guter Dinge
zwischen Asphalt und Beton:
„Klinge, Frühlingsliedchen, klinge!",
es beginnt die Grillsaison.

Da sind alle Menschen heiter
und es steigt der Würste Duft
wie auf einer Himmelsleiter
qualmend in die Frühlingsluft.

Jeder fühlt sich jedem näher,
tut ihm seine Sorgen kund
und man hört den Rasenmäher
von des Nachbarn Haus und Grund.

„Laue Luft kommt blau geflossen"
über Cola, Bier und Wein.
Ach, wie hat man es genossen,
eins mit der Natur zu sein!

Später dann, mit vollem Magen,
und mit Ohren voller Krach,
geht man, sichtlich angeschlagen,
schlafen in sein Schlafgemach.

Einsam, über dem Geschehen,
flatterte ein „Blaues Band"
und der Frühling ließ es wehen,
doch kein Mensch hat es erkannt.

*Manfred Burba*

**Neujahrsparty**

In der alten Hafenschänke
feiern wir das Neue Jahr,
aufgestellt sind Tisch und Bänke
und die Plätze werden rar.

Jedes Jahr hat seine Mängel,
dieses hat noch keinen Schnee,
in der Schänke, das Gedrängel,
ist so groß wie eh und je.

Draußen fängt es an zu regnen.
Kaum ein Winter ist noch hart –
und man kommt, sich zu begegnen,
und die Party kommt in Fahrt.

Die Musik wird laut und lauter
und die Stimmung steigt und steigt
und wir singen vom Klabauter-
mann, der sich auf Schiffen zeigt.

Und so feiern wir die Jahre
wie sie kommen und vergehn,
dazu gibt es Bier und Klare
bis wir alles doppelt sehn.

Lange noch, vom alten Hafen,
hört man unseren Gesang,
dann geht auch der letzte schlafen
und mit ihm der letzte Klang.

Heftiger die Winde wehen,
merklich kühler wird es auch;
in der Schänke bleiben stehen
Fischgeruch und Tabakrauch.

*Manfred Burba*

**Vater Rhein**

    *Wolfgang K. gewidmet*

Ich liege hier auf einer Bank
bei dir, o Vater Rhein,
bin ich auch müde, alt und krank,
bin ich doch nicht allein.

Da höre ich von weiter vorn
das Lied der Loreley
gespielt auf einem Martinshorn
der Streifenpolizei.

Die Melodie dringt mir ins Ohr
wie ein verzerrter Hit,
doch was zum Teufel geht da vor,
die nehmen mich ja mit!

Jetzt liege ich im Krankenhaus
und mir ist gar nicht wohl;
ein Arzt pumpt mir den Magen aus
mitsamt dem Alkohol.

Ich bitte dich, o Vater Rhein,
hilf mir in meiner Not
und schicke mir ein Gläschen Wein
und eine Scheibe Brot!

Doch Vater Rhein ist nur ein Fluss,
den das nicht weiter stört,
der immer fließt und fließen muss
und niemanden erhört.

Manfred Burba

**Ein Dichter stirbt**

*Dem armen*
*Henri Heine gewidmet*

Er fing einst in Deutschland zu dichten an,
dort wurde zensiert, was er schrieb,
da ging er nach Frankreich als freier Mann,
wo er sich verliebte und blieb.

Er wirkte als Dichter und Publizist
und setzte sich öffentlich ein
und wie das bei großen Männern so ist,
sie kämpfen am liebsten allein.

Da zeigte sich plötzlich und hoffnungslos
bei ihm ein tödliches Leiden,
das lähmte ihm langsam Glieder und Schoß
und zwang ihn, im Bett zu bleiben.

Die Zeit, die noch blieb, die kam ihm so vor
wie eine schaurige Schnecke,

die kroch an den dunklen Wänden empor
bis an die Schlafzimmerdecke.

In seinem Kopf ging es grauenhaft zu,
Gespenster wollten ihn packen
und Schmerzen ließen ihn nicht mehr in Ruh,
die Angst saß ihm kalt im Nacken.

Er dachte an früher und sehnte sich
aus seinem Gefängnis heraus;
sein endloses Sterben war fürchterlich
und sein Zimmer ein Totenhaus.

Da klagte er über sein Missgeschick
und schrieb doch Gedicht um Gedicht;
sein letztes handelt nicht weiter vom Glück,
auch vom Glauben handelt es nicht.

Es handelt vom Tod, den er in sich spürt
– vergangen sind Liebe und Lust –
und was ihn bis dahin noch angerührt,
bewegte nicht mehr seine Brust.

Er starb in der Fremde, an einem Ort
des Leidens und der Vernichtung –
und starb er auch fern, so lebt er doch fort
im Lande der deutschen Dichtung.


*Manfred Burba*

**Wir schaffen das**

Von Krieg und Terror ausgezehrt
sind sie in großer Zahl,
geflohen vor Gewalt und Not
und hatten keine Wahl.

Nicht jeder nimmt sie gerne auf
bei sich, in seinem Ort,
und mancher denkt: „Das Beste ist,
man schickt sie wieder fort!"

Sie sind als Flüchtlinge im Land
ein großes Risiko,
für die Finanzen und den Staat,
für Bürger sowieso.

Ihr Schicksal ist beklagenswert,
doch kommen viel zu viel,
auch wählen sie für ihre Flucht
fast immer nur ein Ziel.

Das ist die Bundesrepublik,
sie gilt als stark und reich
und hat bereits signalisiert:
„Kommt her, wir helfen euch!"

Mit diesem schnellen Angebot
steht sie jedoch allein,
denn Hilfe sollte einheitlich
und europäisch sein.

Ob das so bald und reibungslos
gelingt in der EU
ist fraglich, und so macht man erst
einmal die Grenzen zu.

Es litten in Europa schon,
vor gar nicht langer Zeit,
sehr viele Menschen große Not
und hofften auf Asyl und Brot
und auf Barmherzigkeit.

Manfred Burba

**Geiz ist geil!**

*Eine Grabrede*

Er war in seinem ganzen Leben
ein guter Freund und Kamerad
und hat sein Letztes hergegeben,
auch wenn er es nicht gerne tat

und machte nichts, was er bereute,
half andern Menschen in Gefahr
und spendete für arme Leute,
sofern es ihm von Vorteil war.

Allein, er war uns nicht geheuer
und blieb ein Geizhals bis zuletzt
und hätte gern von seiner Steuer,
die Steuern wieder abgesetzt.

Jetzt liegt er hier zu unsern Füßen
in einem Sarg aus Eichenholz;
im Testament lässt er uns grüßen
und ist auf seine Taten stolz.

Es passt zu seiner Lebensweise,
die uns verstörte und verdries,
dass er für seine letzte Reise,
uns alle Kosten hinterließ.

„Gott sei ihm gnädig! Gute Reise!"
Er war als Mensch nicht eben groß
und starb auf seine Art und Weise.
Gott nimmt ihn auf, wir sind ihn los!

Das Geld, das er so emsig sparte,
das nahm er mit auf seine Fahrt,
weil er es in dem Sarg verwahrte,
mit dem er eingeäschert ward!

*Hans-Jürgen Gundlach*

**Willkommen**

Seid willkommen, hier im Lande!
Müde, fremd und hungrig sein -
Flüchtling sein ist keine Schande,
Menschen stehn auch hier am Rande
damit seid ihr nicht allein.

Ja, wir können euch versorgen,
solange hier der Schornstein raucht.
Was ihr hier zum Leben braucht,
heute, morgen, übermorgen,
wollen wir euch gerne borgen.

Und auch gerne ein Quartier.
Für den Notfall mag es reichen.
Hofft, dass in dem Lande hier,
niemand mit den bösen Zeichen
ruft, das Volk sind aber wir.

Euer Hoffen, Glauben, Sehnen,
dass die Qual ein Ende hat –
leider muss ich es erwähnen,
ich will nämlich nichts verschönen:
Findet bald die Wende statt?

Und was einmal licht und hell war,
und für Freundlichkeit ein Quell war –
Fängt es an, sich zu verdunkeln,
zu verkungeln, zu vermunkeln?
Leider wird das viel zu schnell klar.

Aylan Kurdi, nur drei Jahr alt,
kalt und tot an Land gespült:
Unrecht, das nun widerhallt,
Schrei, der durch die Völker schallt -
Wird nun weltweit mitgefühlt?

*Hans-Jürgen Gundlach*

**Zwei Hände**

Der Himmel blau, die Luft so lau,
ein Café-Garten auf dem Land,
ein alter Mann mit alter Frau,
die Rücken krumm, Gesichter grau,
der Sonne zugewandt.

„Ein Kännchen Kaffee, ein Stück Torte",
sie sprechen leise, kaum zu hören,
die Café-Garten-Sonntags-Worte,
man flüstert sie an diesem Orte,
als wollte man nicht stören.

Die Frau lässt ihre Blicke schweifen,
das, frische Grün, das Blüten-Glück.
Ich seh den Mann mit seinen steifen
Fingern nach der Tasse greifen,
dann zieht er sie zurück.

Die Hand bleibt auf dem Tische liegen,
die Frau legt ihre Hand darauf.
Zwei Hände, die sich kaum noch biegen,
doch leise streichelnd sich berühren,
als würden sie nur dazu dienen,
des Andren Schmerzen mitzufühlen –
die Hand nimmt das in Kauf.

*Hans-Jürgen Gundlach*

**Im Strom**

Dein Leben ist ein breiter Strom,
du holst die Segel ein und treibst dahin.
Die Klippen hast du überwunden schon.
Und Rudern macht nicht länger Sinn.

Der Fluß ist tief, die Strömung stetig,
die Ufer rücken immer weiter.
Das Wasser fließt, und dein Boot trägt dich.
Sei du sein sanfter Reiter.

Um was bringt Rudern dich noch weiter?
und nützt dir nun noch viel?
Schau in die Ferne, bleibe heiter,
im Irgendwo liegt nun dein Ziel.

Nun, liebe Freunde, gute Fahrt
zum Meere hin, wo alles mündet,
Der Grund, der sich dir offenbart,
ist tief in dir gegründet.

Du hast so viele Häfen angelaufen
und Fracht geladen und sie abgesetzt.
Für deinen Lohn kannst du dir nichts mehr kaufen.
Dich trägt der Strom – zu guter Letzt.

*Hans-Jürgen Gundlach*

**Da war einmal ein Schmetterling…**

Hab' heut den Schmetterling geseh'n,
die blauen Augen weiß umringt
ich blieb vor ihm verzaubert steh'n
er war braunrot und wunderschön,
verständlich, dass man ihn besingt.

Er flatterte durch meinen Garten,
verweilte auf den Frühlingsblüten,
ich sah, als er vor mir verharrte,
die Flügel, Fühler, alles Zarte,
und wie gemacht, es zu behüten.

Er flog davon und kam nicht wieder,
mein Garten ist nun wie ein Grab.
Es kamen auch nicht seine Brüder,
verklungen sind die schönen Lieder
vom Schmetterling, den es mal gab.

Und auch die Bienen zogen fort.
Da summt nichts mehr, nur Totenstille.
Nichts stört den Rasenmäher-Mord,
kein Vogelruf fällt mir ins Wort –
Ich hatte mal des Lebens Fülle.

Um mich zu trösten torkelt schwer,
gemütlich brummend, kreuz und quer,
durch's Blumenbeet, als wenn nichts wär',
die Hummel. Doch sie offenbart:
„Ich bin die Letzte meiner Art."

*Hans-Jürgen Gundlach*

**Blätter im Wind**

Ein Blatt löst sich vom Blätterdach
und neue Blätter fallen nach,
in sanftem Gelbgold, sattem Rot,
lebendig noch, doch nah dem Tod.

Ein Sinken ist es und ein Schweben,
zu Boden stürzen und sich heben,
ein Flattern manchmal und ein Fliegen,
ein Siegen und ein Unterliegen.

Der Wind frischt wieder auf und packt
den Baum und bläst ihn nackt.
Die Blätter taumeln, tanzen treiben,
um Äste, die sich kahl verzweigen.

Und als die Krone leer und licht war,
da sah ich in dem Baumgeäst,
vor aller Welt entblößt und sichtbar,
ein Vogelnest.

Im Blätterwirbeln, Blätterwehen,
kann, dass es leer ist, jeder sehen.
Ich schau es an und denke mir:
Der Vogel war doch gerne hier?

Ob er ein Nest im Süden baut
für eine neue Vogelbraut?
Und wird er je die Heimat lieben,
um niemals mehr davon zu fliegen?

Wenn übers Jahr er wiederkehrt,
zu diesem seinem Haus zurück,
und findet es wie unversehrt,
wär' das sein Vogelglück?

*Klaus Schatz*

**A3 südwärts**

Das ist die Route des Lebens und die Route ans Totenbett,
zur Heimat und zu manchem Ende,
selten zu Anfängen,
Fluchtpunkt.

Alle Kinder verstecken sich,
manche in sich selber,
Breitscheid, Düsseldorf, Köln, Bonn, Siebengebirge, Neuwied.

Das ist die Route, alleine, zu zweit, zu vielen,
im Traum, im Suff, in Tränen,
immer wieder dieselben Bäume, Berge, Wege, mal ein anderes
Reh im Wald.

Das ist die Route ins Leben, aus dem Leben, immer wieder,
aus der Heimat, in die Heimat.
Rückkehr, Aufbruch, Heimfahrt, Wegfahrt, Durchfahrt, Mitfahrt.

Berge, Dom, Berge, noch mal Berge,
Bussarde, Krähen, keine Drachen,
Schnee und Margeriten, Ginster und Primeln,
Keine Rosen.

*Klaus Schatz*

**Wo ich herkomme**

Ich bin am großen Fluss geboren
und manchmal
nachts
höre ich ihn

Ich bin am großen Fluss geboren
und manchmal
nachts
rieche ich ihn

Die Schiffe, die flussabwärts ächzen
fahren durch meine Träume

Die weißen Boote um die großen Felsen
lachen in meinem Kopf

Ich bin am großen Fluss geboren
und manchmal
Morgens
sehe ich ihn

Ich bin am großen Fluss geboren
und manchmal
Morgens
spüre ich ihn

Unter den Brücken Nebel
den nur die Möwen durchdringen

Zwischen den Buhnen die Steine der Riesen
umspielt von Wellen

Ich bin am großen Fluss geboren
hier ist meine Heimat

Ich bin am großen Fluss geboren
hier will ich dann auch ewig liegen

*Marko Ferst*

**Dvořák am Berg hören**

Rote Lichter der Spitze
blinken manchmal
durch das Geflecht
von Fichtenzweigen
der Wilde See längst
nachtverschmolzen
aufwärts die Hornisgrinde
vom Turm funkt der SWR
der Radiomoderator spielte
vier Stücke hintereinander
als böhmische Sinfonie
die ganz anders firmieren
weit zurück
gab das Stichwort
ein Musikforscher

Früh am Morgen
dicke Rauchschwaden
der Brotbäcker heizt an
Speckbrötchen, ofenfrisch
als Proviant im Rucksack
einst Sperrgebiet
nicht nur französisch
übrig ein winziger Restbestand
noch immer warnt
oben auf dem Berg ein Schild
„Vorsicht Schußwaffengebrauch!"
freundliche Grüße
aus dem militärischen Sicherheitsbereich
daneben surrt ein
Bergspitzen-Windrad
durchs Hochmoor
führt der Holzweg

Eine Trainingsjacke
kombiniert mit Grau
die russischen Staatsfarben
und FSB-Schriftzug
der Träger umrundet den Mummelsee
vermutlich nicht
aus geheimdienstlichen Gründen

*Marko Ferst*

**Jahrtausend-Linien**

Drei Millimeter im Jahr
wie harmlos
vom Ende her
rechnet kaum jemand
die Bande zwischen
den Generationen
zerfetzt
die Ozeane holen sich
sämtliche Tiefländer
studiert die Atlanten
grün wird ihnen blau

Im Eozän
Schlote pfeifen
Säugetiere wie Zwerge
Antarktika als Südsee
Kontinente auf Reiserouten
tief versunken
in Wasserwelten
Zeugnisse
von früherem Landgang
alles ohne Eispanzer
geöffnet die Gitter
Methanhydrate
im Heißzeitschock

Ein Grad global wärmer
unter dem Strich
satte 15 Meter Höhe
die Scheidewand
zwischen zwei und drei Grad
Ostseestrand durch Berlin
oder vor Dresden
kein Halten
Kiel, Hamburg und Rostock
auf dem Weg
nach Atlantis
ganz sicher schon
im Zug auf
Jahrtausende hin

Falls nach unseren
pyromanischen Beben
noch Klopfzeichen hörbar
was berichtet man
über das große Tauen
die blindem Wahn
verfallenen Vorfahren
die fluteten
all die Ackerhorizonte
Zehrung für Milliarden

Neu geschrieben
wird die Geschichte der Sintflut
eher nicht als Bibeltext

*Marko Ferst*

**Atemlos**

Rote Zeilen
ferne Briefe
Sommerstrahlen
öffnen aus
Vergangenem

Du bist mir
eingepflanzt
das Schicksal
trägt unsere Worte
zum Ausgang

Dein trauriges
Gesicht
blickt mir
noch immer nach
ewig brennt
so ein Abschied

Noch immer
zurückkehren wollen
doch die Füße
sind mir gebunden
etwas schleicht oft
zu dir zurück

Es erkennt die
Fakten nicht an
und beruft sich
auf die Liebe

*Marko Ferst*

**Nicht nur in Paris**

Wenn Satire berühmt wird
kämpft Mohammed mit Tränen
diabolische Gestalten
auf der Ziellinie schwarzen Ruhms
Regierungschefs demonstrieren
die leere Straße ausgeblendet
so trennt man sich
von jedem Volk

Frankreichs raumgreifende Offerten
belagerten früher vielerorts
Militärflieger unterwegs
in Irak und Syrien
womöglich zuweilen
die Richtigen gebrannt
Geschichte versteckt sich nicht
koloniale Phantomschmerzen
melden sich immer mal wieder
neue Lektionen kommen hinzu
global französische Lichterfarben

Konzerthalle, Restaurant, Cafe
offenes Einfallstor
ungezügelter Kugelhagel
Sondersendungen überschlagen sich
wie ein Tribut
negativ belichtetet
für neue Finsterrekruten
eine Feierstunde
der Schwarzbeflaggten
der Ausnahmezustand ein Sieg

Beim Freundschaftsspiel
Frankreich-Deutschland
zum Glück ein Platzverweis

*Marko Ferst*

**Bayrische Amokläufe**

Wir mischen auf
Tollheit ist unsere Passion
in jedes Dorf
stellen wir unsere Mauthütte
und Windräder
halten wir uns auf Abstand
der Verkehrsminister
ist ein anzugkariertes Genie
projektiert Verkehrswege
mitten ins Klimadesaster
mit Herdprämien
konservieren wir
die Rolle der Frau

Dank unserer Obergrenzen
brechen wir Asylrecht
wir wollen populistisches Profil
von rassistischer Politik
reden nur Übel-Wollende
wir scheren uns nicht
um christliche Werte
denn wir werden verfolgt
von rechts Außen
Oberhirte Seehofer
diniert mit Putin
wegen der bayrischen Milch
in Moskau kennt man sich aus
mit totalitärer Regie
Sanktionen gegen Kriegstreiber
akzeptieren wir nicht

Manchmal jammern sie
wie kleine Kinder
wenn Kanzlerin Merkel
ihnen das Spielzeug klaut

Welche lobenswerten
Entscheidungen treffen Christsoziale?

Wie tief darf der EQ
einer Partei sinken
bevor man sie
zu ihrer eigenen Sicherheit
aus dem Verkehr ziehen muß?
Haften die Wähler
für die Eskapaden
ihrer CSU
die daherstürmt
wie ein cholerischer
Don Quichotte?

Wenn ja,
dann würde es teuer,
das Kreuz!

*Marko Ferst*

**Väterchen Frost**

Gläsern, der Drache
strahlt im Sonnenleuchten
Winterthrone
warten auf Kinder
an der Weihnachtstanne
Märchenpanoramen
aus Eisblöcken, Reliefs
Künstler mit Meißel und Wasser
Schliff für die neue Jahreszahl
Pferde dampfen
vor ihrem Kufengefährt
die Eisgiraffe staunt

Ded Moros als roter Riese
an seiner Seite
Snegurotschka in Blau halbhoch
Rutschbahnvergnügen
für den kleinen Nachwuchs
Plastik mit Griff
als Hosenschutz
mit beheizten Kabinen
behängt das Riesenrad
Blick über die Schneestadt
Wellen ins Land dahinter
ein theaterblaues Dach, wuchtig
hütet die Bühne

Mit wehendem Mantel
Lenin bleibt
auf seinem Sockel
und zeigt hin
zu den Augen
der strengen
Rathausfront

russisch-baschkirisch beflaggt
ob auf das Steinpodest
so ganz aus Bronze
steigt bald Putin ...
genug provoziert hat er
so verdient man sich
den Spott allerorts
ein ehrlicher Abgrund

Drei Schweinchen
die Eisaugen
mit Rubelmünzen signiert
wer hat sein Haus
aus Stein gebaut
auf das ihm
der Wolf nichts umpuste
oder andere Gauner?
an diesem Neujahrsmorgen
fallen in manchem Heim
kleiner aus die Geschenke
aus den weißen Weiten
der Ölpreis beziffert die Inflation

Tjubing
so heißt der Luftreifen
Fahrt aufnehmen
auf der bebretterten Rampe
eisbeschichtet
ein Ruck
und los geht es
auf die abschüssige Bahn
in die lange Strecke
Frostkristalle
an Schal und Mützen
heißer Schwarztee mit Zitrone
wird gereicht
im Kiosk nebenan

Himmelblau
die Roschdestwo-Bogorodskij-Kirche
Goldkuppeln, Kreuze
drei Balken, einer schräg
in der Dämmerung
im Kircheninneren
ein Kerzenort
geheimnisvoll, dunkel und still
über der zentralen Straße
schwebt grünweißblaues Ornament
aus Lichterminiatur
auf der baschkirischen Bühne
das Ballett rundet
nach Tschaikowskis Noten
Schwanensee

Wann wird
ein neuer, anderer Salawat Julajew
endlich siegreich sein
ansetzen zum Sprung
mit seinem gewaltigen Pferd
über den weißen Fluß
Waldweite zu Füßen
überwunden sein
die Phalanx
immer neuer Zarenhöfe
die Kryptik der Macht?
einst Bauernaufstände
neue Umbrüche lauern

Das junge Jahr
wechselt sich ein
Riesengeschenke
vor geschmücktem Tannenbaum
täuschen
zum Mitternachtsläuten
hält der Präsident Ansprache
fernsehfern
Brücken harren
auf eine lichtere Wegstrecke.

*Marko Ferst*

**Syrisches Totenfeld**

I

Palmyras Kolonaden
antikes Sandgelb
der Hadriansbogen gesprengt
wie all die Glieder
die Netze des syrischen Volkes
seinen toten Sohn
birgt der Vater
unter gestürztem Beton
und jene Flügellast
läßt hinter der Klage
verzweifelt befragen
wo lagen jene Weichen
Fenster in der Zeit
die ungenutzt verstrichen
bis die Boten begannen
zu züchten
die Kriegsgewächse

Die Zeltmeere
in benachbarten Ländern
die blutigen Winkelzüge
über die Viertelmillion hinaus
Gräberzeichen, Betonskelette
die Moniereisen der Städte
Aleppos Basar aus alter Zeit
nicht mehr gestützt
von der steingefaßten Dächerwelt
orientalischer Handelswege
wer füllte
die syrischen Dunkelstätten
mit freien Meinungen
die nicht zur Debatte
stehen durften?

II

Endloses Flüchten
verrauchte Trümmerhorizonte
zu wenige Hände boten Halt
für die Zukunft aus Stoffwänden
gekürzte Geldflüsse
Geleit in die Ohnmacht
entkommen
den Faßbomben Assads
all den Schußlinien
vieler Herren Länder
so setzte er über
der Strom
in europäisches Grenzland
Skulpturen aus Schwimmwesten
die ägäische Küste
drapieren tote Kinder

Die Lichtseite der Republik
wandte sich zu
ein kurze Freiheit lang
obsiegten die offenen Arme
punktete die Kanzlerin
gegen die bayrischen Klagekönige
helfen unzählige
freundliches Willkommen
bevor deutsche Bürokratie
jene Gestrandeten
zu fassen bekommt
und immer wieder
brennen auch Dachstühle
ist der Haß beheimatet

Eine Schande
die geschlossenen Tore
in zu vielen Staaten Europas
hier aber auch andernorts
zuweilen gute Gründe

im Tornister
sollte es nicht selbstverständlich sein
bei diesem Bombengrauen
die Herzgegenden zu weiten
genügend Mittel zu stiften
für sichere Zufluchtsorte
an den Rändern
des assadschen Brandherdes
und die Finger zu lassen
von rassistischen Abzügen
im Regierungsamt
selbst für jedes kleine Land
ließe Last sich schultern
die von allen getragen wird
Asyl zu gewähren
im Maß des Möglichen


III

Die blaue Partei
jene rechte Abseitsdrift
schießwütig trommelt sie
für gestrenge Grenzposten
spielt mit solchen Trumpfassen
Wahlprozente in ihr Revier
ein Bund der Klimaleugner
der trägt die rote Laterne
in ökologischer Weitsicht
sie wissen nichts von Sturmzeichen
die uns drohen vom Laufenlassen
keine Sperren, keine Mauern,
wird aufhalten die Völkerströme
die unvermeidlich sind
wenn das Klima
in die Achterbahn läuft
ihnen fremd ist es
wie wichtig es wäre
wenn man die Südkontinente
nicht preisgibt dem großen Sterben

IV

Wieder in das Joch
der Diktatur zurückgezwängt
eingespannt
das ausgezehrte Land
Rußland und Iran
ziehen blutige Striemen
alles bewegt sich
in verstörenden Sackgassen
oder öffnen sich
erst neue Abzweigungen
wenn der alte wütende Staat
mit seinen notdürftigen Stützen
zur bleiernen Ruhe kommt
die Tische karges Mahl
versprechen?
Kann das fügen
was nicht mehr zusammenhält?

*(Auszug)*

*Peter Lechler*

**Liebeslied**

Im Garten saß er und träumte
von reichen Momenten des Glücks.
Sie perlen von ihm zu ihr,
hin und zurück, wollen nicht enden.

Sein Heim atmet die Liebste:
ihr Handtuch im Bad, am Bett ihr Akt,
Bilder ringsum,
Galerie gemalter Gefühle.

Magisch zieht es beide gen Süden,
ins Musen-Reich der Toscana.
Zu Udos Balladen schnurrt sein Alfa,
ein Kater auf Tour ins Tabu der Nacht.

Schwingende Hügel und einsame Höfe,
Weinberge, Pinien, Schafe säumen den Weg.
Dämmerung hellt der himmlische Leuchter,
sein Licht führt ans begehrte Ziel.

Sinnlich grüßt sie das Land des Brunello,
des Weindorfs Silhouette silbern.
Grillen singen ihr hohes Lied,
Zypressen-beschützt ist der Liebe Spiel.

Seine Lider küssen die Liebste
wie Schmetterlinge im warmen Wind.
Ein Quell der Lust entspringt
in ihrem bebenden Schoß

*Peter Lechler*

**Aus dem Fenster gelehnt**

Das alte Jahr ist weg vom Fenster,
was einmal war, nur noch Gespenster,
mal gut, mal böse, mal schattiert,
Vergangenheit Neuzeit gebiert.

Die Trennung zwar artifiziell,
was gestern schien, noch heute hell,
was dunkel war, schwarz wie die Nacht,
geht weiter um, auch wenn's gekracht.

Rückblicke gibt es überall,
das Sanfte weicht dem großen Knall;
Aufreger, Krisen und Rekorde,
Betrug, Bestechung, ein paar Morde.

Man pflegt dieselben alten Sorgen,
was bringt denn bloß der nächste Morgen?
Man kreist um seinen eignen Nabel,
der ist viel näher als das Babel.

Was gibt's, das schnell noch ist zu tun?
Das Haus bereit, im Topf das Huhn?
Ist alles da für Gäste Durst?
Des Nachbarn Hund kriegt noch ne Wurst.

Bei Fernsehschau im alten Jahre
sieht man die Stars, die Massenware,
mit Sang und Show glänzt sie, brilliert,
das Brandenburger Tor vibriert.

Trotz Sternchen, Songs und viel Spektakel
der Ablauf hat auch einen Makel:
Vom Schirm noch auf die Mails geblickt,
ist man auf einmal eingenickt.

Um kurz vor Zwölf man dann erwacht,
zum Glück ist noch nicht Mitternacht.
Ins Dachgeschoss schnell, Sekt ins Glas,
ein Feuerwerk im Übermaß!

„Wie gut, dass es dich gibt, mein Schatz,
was war das Jahr für eine Hatz
im Kampf um deine kleine Rente,
fürwahr kein Dolce far niente."

Auch Nostalgie im Blick zurück,
man schwelgt nochmals im kleinen Glück.
Für beide, Schönheit wie Schrapnell,
die Zeit verflog doch viel zu schnell.

Nach Festtags-Brauch bis abends spät,
sehnt man sich nach Normalität,
nach Leberknödel, Kraut und Brot,
statt Gourmet-Stress und liebe Not;

nach Umtrieb wie nach Schnäppchen-Shoppen,
günstig und gut, nicht mehr zu toppen.
Das Karussell dreht lustig weiter,
wer aussteigt wird zum Außenseiter.

Wär's schlecht nur, wär man nicht mehr drin
und stellte Fragen nach dem Sinn,
gäb auf die eigne Nabelschau,
wär raus aus dem Ego-Radau;

statt Grübelei, was bringt denn das?
Wie mach ich Konkurrenten nass?
Man ließe Gier und Süchte ruhn
und fragte schlicht, was ist zu tun?

„Ein Moralist, hör ich schon sagen",
„der hat halt immer was zu klagen,
der mag nicht unsern Übermut."
Wenns ihn nicht gäb, wär's auch nicht gut!

*Peter Lechler*

**Psychomobil -
ein birthday rap zum 49sten**

Ein Jahr noch, dann ist Schluss mit Vier,
nervös macht das, bringt kein Pläsier.
Es droht, wie in Computer-Welt,
die Next-Version für richtig Geld.

Ja, fünf mit Null heißt es nun bald,
wo ist im Strom der Jahre Halt?
Vom Blick zurück mal tief bedrückt,
vor lauter Chancen fast verrückt!

Der Dichter selbst wird sixty-six,
das Leben läuft halt viel zu fix.
Erst gestern jung, fesch, manchmal kühn,
heut trauert er „ach, would have been"!

Was könnte man geworden sein?
Wie kam es zu dem Rotz am Bein?
Warum nur? Es ist nicht zu fassen,
das Schlimmste: was man unterlassen!

Da muss man durch, trotz allem Shit,
da hilft dir auch kein Aquavit!
Nach vorne blicken, statt zu klagen,
die Zukunft gilt es jetzt zu wagen!

Im Kopf weiß man das ganz genau,
im Magen aber wird es flau.
Man sitzt in einer Kuhle fest,
soll das so bleiben für den Rest

der fortan noch gewährten Zeit,
verschwitztes Shirt statt neues Kleid?
Spürt man mit Füßen noch das Gras,
verträgt die alte Kiste Gas?

Nach all den Jahren wieder jung,
verspricht der Sommer späten Schwung?
Noch ist noch lange nichts im Eimer,
gereift ist quick man zum „Youngtimer"*.

Das Blech erneuert hat man schnell,
der Alte kriegt ein neues Fell!
Getriebeschaden dauert länger,
einstweilen wird der Fuß zum Gänger.

Dem Motor dann mit Kolben, Kerz,
des Wagens starkes Techno-Herz,
Zylinderköpfe rein gedrechselt,
verbrauchtes Öl noch ausgewechselt.

Nun läuft er wieder wie geschmiert,
der Jahre Charme, er fasziniert.
Es fehlt nur noch ein Quäntchen Glück,
dann fügt sich alles Stück für Stück!

*ein 15-20 Jahre alter PKW

*Peter Lechler*

**Wenn's Federn regnet -
Nachruf auf einen Kollegen**

Abschied ist ein scharfes Schwert,
singt Whittacker auf dem Konzert.
Wehmütig tönt der Star-Gesang,
es trieft aus beidem, Text wie Klang:
Gefühle pur zum Liebesschluss,
der Lover steht im Regenguss.

Auch andrer Eifer geht zu Ende,
wie Erichs Herrschaft mit der Wende,
wie Meisterschaften, Arbeitsstellen,
fürwahr nicht eben Bagatellen -
die Arbeit - Ewald trifft's genau,
klammheimlich wurde Nebenfrau.

Das Weib schrie nach Aktivität,
früh will sie ihn, entlässt ihn spät;
er blieb ihr treu und emotiv,
erfolgreich oft, mal ging was schief;
er war in seinem Element,
zur Stelle stets, auch wenn es brennt.

Dem Wandel hat er sich gestellt,
Fortschritt umarmt und nicht verbellt,
sogar ihn selbst initiiert,
bedacht, professionell fundiert.
Doch als sein Eden kam in Not,
der neue Chef nur noch gebot,

sein Spielraum wurde immer enger
und das Gesicht zunehmend länger.
Statt „Nase vorn" hatt' er sie voll,
statt Dur spielte die Musik Moll.
Da ging Vertrauen über Bord,
Disharmonien im Akkord!

Als diese einfach nicht verklangen,
ist Ewald auch von Bord gegangen.
Verzwickt war es, unsäglich schwer,
gefühlsgebeutelt hin und her,
ein Mix aus Nostalgie und Trauer,
mitunter war er gar stinksauer.

Doch insgesamt schön war die Zeit,
jetzt ist sie rum, es ist soweit,
die nächste Seite aufzuschlagen,
was darauf steht, ist erst zu wagen.
Das macht ja ein Entschluss so aus,
man holt die Spannung mit nach Haus,

denkt kritisch, ob es wird gelingen,
was Zukunft möchte mit sich bringen?
Ob wieder Fesseln oder Schellen,
die Arbeitsfreude stets vergällen,
sich um die Gelenke legen,
aufs Neue Widerstand erregen?

Auch fragt man, ob es sich rentiert,
der eigne Wohlstand sich halbiert?
Ob einem die Kollegen fehlen,
im Einzelkampf man sich wird quälen?
Ob einen wohl das Team vermisst,
wenn man sich einfach mal verpisst?

Hauptsache frei, das ist genug!
Scheint man auch flüchtig, ist es klug,
auf sein Innerstes zu hören,
statt Überzeugung abzuschwören.
Was zählt, ist der aufrechte Gang,
er nahm sich Zeit, braucht heut' noch lang!

Wenn einer sich vom Ganzen trennt,
obwohl fast ewig man sich kennt,
geht das auch manchen an die Nieren,
die ihre Arbeit weiterführen.
Machten die nicht viel Federlesens,
wär's ganz gewiss auch nichts gewesen.

Wär Petrus heute da zum Segnen,
er ließ aus Wolken Federn regnen
und wünschte Leichtigkeit im Sein.
Die Ex-Kollegen stimmten ein
und ließen ihren Freund hoch leben -
Es ist wie' s ist, so ist das eben!

*Peter Lechler*

**SUV oder Suff**

Im SUV* läßt sich die Welt ertragen,
vor allem an den schlechten Tagen,
wenn es in deinen Rücken sticht,
dein Körper hat zuviel Gewicht.

Lässig guckst du auf andre runter,
besonders auf die schnelle Flunder.
Am Rastplatz, jeder soll es hören,
hält die mit Donnern und mit Röhren.

Du gleitest sanft von hohem Ross,
der Flitzer klimmt aus dem Geschoss.
Entspannt gehst du aufs Reise-Klo,
er flucht über den Schmerz im Po.

Beim Wagen bist du bald zurück,
schwelgst hoch erfreut im Auto-Glück.
Der andre aber klagt unsäglich:
„Die Welt ist nur im Suff erträglich!"

*SUV = hochbeiniger Autotyp

*Peter Lechler*

**Affentheater**

Der Mensch, sie ist ein Säugetier,
ein Stückchen Fell hat frau als Zier
auf sonst so glatter, sanfter Haut,
die Mitte einer jeden Braut.

Doch ist ihr Stolz nicht Scham noch Brust,
es sei denn ihr Geschäft wär Lust.
Die Tasche ist's - fast schon abnorm -,
mal vornehm, mal in Beutelform!

Dies Accessoire, nicht seine Chose,
was wertvoll, hat er in der Hose:
Geldbeutel erst, dann das Gemächt,
sind beide prall, ein toller Hecht!

Vom Arbeitsstress gebeutelt schwer,
wo bringt man nur die Kohle her,
zu schüren seiner Liebsten Feuer,
für Mode, Reisen, ganz schön teuer.

Er legt sich krumm, zahlt Kleid und Tasche:
„Ist sie nicht süß, die mit der Lasche?
Und die erst mit dem Glitzer-Strass!
Oh je, der Preis ist aber krass!"

Wenn es vibriert im Eingeweide,
voll Inbrunst füllt er ihre Scheide.
„An das Gefühl", sagt sie mit Stöhnen,
„könnt ich mich, Tiger, glatt gewöhnen!"

Auf Abenteuer, angstbesetzt,
ein Rucksack ihren Stolz ersetzt.
Denn fern der Heimat, wo viel Neider,
da lauert schon der Beutelschneider.

Im Urwald Südamerikas,
gibt es so manchen fremden Frass:
Höflich serviert ihr der Mulatte,
pfui Teufel, eine Beutelratte!

Ist das etwa ein Satansbraten,
wo ist man da nur hingeraten?
Tut sich jetzt auf der Hölle Schlund?
Ja, ja, die Kirche trieb's oft bunt!

An jedem Sonntag, gar nicht dumm,
der Klingelbeutel geht herum.
Das Kleingeld für den Popen reicht,
nun ist die Börse wieder leicht.

Zuvor kniet man auf Kirchenbank,
ob adipös, athletisch, schlank.
Ein Stich fährt in den Rücken rein
und auch Schleimbeutel machen Pein.

Die Muskeln schlaff, die Haare grau,
die Büchse leer zum Leid der Frau;
dazu tut noch der Magen weh,
statt Kaffee trinkt man Beuteltee.

Die Jahre fordern gar Verzicht
auf Süsses wegen dem Gewicht.
Wehmütig wünscht sich Weib wie Mann
Windbeutel, Nougat, Marzipan.

Vorbei ist jede wilde Sause,
in Maßen trinkt man nun zuhause.
Geniessen heißt der neue Kick,
Bocksbeutel, Pfälzer, auch Barrique.

Der Leser hat ihn längst geschnallt,
den relevanten Sachverhalt:
Zu oft kommt das Wort *Beutel* vor,
was er wohl meinte, der Autor?

Die Einsicht fällt urplötzlich zu:
Der Mensch stammt ab vom Känguru!
Also ist Darwin widerlegt,
ein Affe, wer sich da erregt!


*Peter Lechler*

**Kruzifix!**

Es war einmal ein Fall,
der endete mit Knall.
Der Kommissar fand den
so gar nicht angenehm.

Das Opfer, Fall auf Knall,
ging ein in das Walhall
und schaut mit Groll hernieder:
„Wart nur, ich komme wieder!"

Die Kripo, die ermittelte,
den Täter bald betitelte:
Er hieß nun Killer X,
gefunden hat sie nix!

*Elke Roob*

**Senk-, Platt- und Versfuß**

Die Ferse ist am Fuß zu finden.
Achilles' Schwäche lag nur hier.
In Versen Dichter gern empfinden
Und bringen diese zu Papier.

Doch wo gehört der Versfuß hin?
Steckt er im Schuh- des Kunstwerks drin?
Soll ich damit zum Doktor eilen?
Kann der wohl Hebung, Senkung heilen?

Trochäus, Jambus, Anapäst,
die Diagnose steht schnell fest.
Vielleicht ist es auch Daktylus –
skandieren führt zum rechten Schluss.

*Gabriele Friedrich-Senger*

**Herbstzeit**

Wenn's bannig an den Scheiben scheppert,
der Sturm die Blumenpött' zerdeppert,
uns Regen um die Ohren klatscht,
man bräsig durch die Pfützen latscht,
dann kommt, wie kann's auch anders sein,
als Folge gleich manch Zipperlein.
Die Nase trieft, es keucht die Lunge
und ein Infekt belegt die Zunge.
Damit ist klar,
der Herbst ist da,
zaust an uns rum ganz ungeniert,
lacht sich eins und triumphiert.
Bei seiner steifen Nord-West-Briese
bekommt so mancher eine Krise,
und jedes Jahr aufs Neu Millionen
quälen sich mit Depressionen.
Da hilft nur eins: Ein steifer Köm
macht's Leben wieder angenehm…

*Gabriele Friedrich-Senger*

**Sprechzeiten**

Da sitzt man rum im Wartezimmer
und wartet stumm wie meistens immer,
das Lesezirkel-Heft zerfleddert,
weil viele da schon rumgeblättert,
 ein Räuspern hier, ein Seufzer dort,
am liebsten lief' ich wieder fort,
starre gelangweilt an die Wand
mit Warte-Nummer in der Hand,
doch da erklingt ein Klingelton
aus meinem kleinen smarten Phone,
lauf aus dem Zimmer, 15 Stufen
 runter vor die Tür zum Sprechen,
doch das sollte sich jetzt rächen,
inzwischen wurd' ich aufgerufen…

*Gabriele Friedrich-Senger*

**Herr und Hund**

Ein Hund, der wartet treu ergeben,
weil dies sein Herr ihm so befahl,
doch wie so oft in diesem Leben,
des einen Freud, des andern Qual…
Nun sitzt er da, brav und geduldig
und glaubt auch noch, das muss so sein,
das wär er seinem Herrn doch schuldig,
'ner Katze fiele das nie ein…!

Der Hund nur findet's auch nicht toll
und denkt für sich mit leichtem Groll:

Treu ich vor Herrchens Kneipe lunger,
denn der stillt seinen bierig' Durst,
doch mich plagt langsam tierisch' Hunger,
wo bleibt nur die versproch'ne Wurst?
Wie lang soll ich denn hier noch warten,
nicht ich, mein Magen knurrt, weil leer,
viel lieber wär ich jetzt im Garten,
jagt' Nachbars Katze hinterher…
Hab lang genug jetzt brav gesessen
auf meinem Hintern, der schon platt,
hat Herrchen mich total vergessen?
Hab Hunger und das Warten satt!
Was geht denn vor in seinem Schädel,
warum lässt er mich hier allein?
Auch wenn ich mit dem Schwänzchen wedel,
ich find es trotzdem hundsgemein!

*Gabriele Friedrich-Senger*

**Schlaflos
im WM-Fußballfieberwahn**

Der Schlaf heut Nacht, er will nicht kommen,
selbst Schäfchen zählen bringt nichts ein,
und auch der Mond schielt nur verschwommen
in mein geöffnet' Fenster rein.
Ein Blick zur Uhr, es ist fast drei,
die halbe Nacht ist schon vorbei,
will grad mich auf die Seite legen
zum x-ten Mal von rechts nach links,
da seh ich etwas sich bewegen,
verdattert schau ich auf ein Dings,
das in den Farben schwarz – rot – gold
fast fußballrund durchs Zimmer rollt.
Ein kleiner Kerl mit schwarzer Hose,
rotem Jäckchen drüber lose,
und auf dem blondgelockten Haar
sitzt ein goldnes Käppchen gar.
Ich denk doch glatt, mich laust der Aff',
bin vor Verwunderung ganz baff.
Die Fußballfieberspukgestalt
macht nicht mal vor mir Nicht-Fan halt.
Erklärung hierfür hab ich keine,
ich glaub, ich mach dem Kerlchen Beine…
Doch ganz so einfach geht das nicht,
weil dieser Typ nun auch noch spricht
von Abseits, Foul, Elfmeterschießen,
und dabei stampft er mit den Füßen.
Mir reicht's! Stürz aus dem Bett, dem Zimmer,
denn ich befürcht', es kommt noch schlimmer,
so stell ich mir den Wahnsinn vor –
da schallt es hinter mir laut: TOOOOR!

*Jott Peh*

**renate auf talfahrt**

die renate ist sicher
sagte norbert blüm

von altersarmut keine spur
noch nicht mal eine piste

ihm ging es um viel mehr
als nur um renate

die ständig weiter
in die falsche richtung fuhr

und je kleiner sie wurde
desto grösser

erschien sie
in der erinnerung


*Stefan Pölt*

**Parallelitäten**

Genetisch stimmt das Warzenschwein
mit uns fast völlig überein.
Zu einundneunzig Komma vier
Prozent sind wir ein Schwartentier.
Bei Onkel Franz hätt nicht verwundert,
es wären etwas über hundert.

*Hans-Georg Wigge*

**Frau kauft Hose**

Kauft eine Frau ein Beinkleid ein,
so muss der Mann geduldig sein.
Es dauert meistens viele Stunden,
doch trotzdem heißt es: Nichts gefunden.

Sie schaut nach Farbe und nach Schnitt
und nimmt die ersten Stapel mit.
Steigt in die Jeans der Marke BOSS,
zu wuchtig ist das Gürtelschloss.

Nun steigt sie in S. Olivier,
sie liest den Preis, oje, oje.
Rein in die Nächste, die passt nie,
ihr steht halt gar nichts von Esprit.

Jack Wolfskin wird nun anprobiert,
zu eng, der Bauch wird abgeschnürt.
Es folgt ein Teil von Lagerfeld,
sieht zwar gut aus, doch zu viel Geld.

Tom Tailor, Levis, Hilfiger,
ach, so viel Auswahl macht es schwer.
Nach 40 Hosen und drei Stunden
hat sie die richtige gefunden.

Dann in der Kassenwarteschlange
hat sie viel Zeit und schaut noch lange,
es tönt aus ihren Hirngewinden:
Vielleicht wirst du was Bess´res finden.

Sie hängt die Hose wieder fort,
verlässt den Männerfolterort,
schimpft vor der Party vor sich hin:
Ich habe gar nichts anzuzieh´n.

*Cornelia Effner*

**Bretter waren unterwegs**

bretter waren unterwegs
lange schöne bretter
die bretterten die strasse rauf
langsam und im dauerlauf
auch bei schlechtem wetter

hinter einer bretterwand
ein netter fetter städter stand
an den brettern stand ein wort
der städter ging betroffen fort

der bretterknaller von bretterstadt
hatte das bretterknallen satt
er kauft sich eine säge
und sägt sich neue wege

betty und bert aus bretterstadt
auf einer bretterbank
bei einem bretterhartem streit
ward ihre liebe krank

im brettermeer bei bretterburg
da bretterten die wogen
bis kam ein großer bretterhai
im bogen angeflogen

ein brett am bett
ein brett mit brot
ein bretterkreuz zum beten
im bretterbudeneinerlei
kocht einer bretterbudenbrei
und bittet einzutreten.

bretter waren unterwegs ...

*Gudrun Tossing*

**Chemikerleben**

Als ich Aldehyde braute,
musste ich mit Fleiß vorgehen.
Stetig strebend ich erbaute
Glasdestillen in die Höh`n.

Ätherdampfdetonationen
war`n als Gefahr mir wohlbekannt.
Es brauchte dann drei Explosionen,
bis das Labor in Flammen stand.

Wasserwerfer, Löschkanonen
gaben ein Spektakel her.
Meine Feuerlöschaktionen
wurden später legendär …


*Gudrun Tossing*

**Verschreckter Zweifel**

Zaggezwergte Zauderungen
können sich kaum sinndurchdrungen,
witz- und wort- weis formbezwungen
höher himmeln in den Äther
oder träumetänzelnd später
eingehn in verzückte Bahnen,
noch sich winden in Spiralen,
sondern kauern angstbrustbieder
unter Dorngebüschen nieder.

*Gudrun Tossing*

**Besessen-vergessene Lyrik**

„Verse sind doch meine Stärke",
sprach der Poet und ging zu Werke,
dichtete tagein, nachtaus,
morgens, mittags, in der Schwüle,
abends in der Dämmerkühle,
ging auch nicht mehr aus dem Haus.

Und wenn er sich vollgetrunken
– nicht mit Wein, mit Poesie –
dann gelang ihm selbstversunken
manche Herz-Schmerz-Parodie.

Sein Verleger sprach: „Vergiss es!
Verse geh`n so gar nicht mehr."
Der Poet trotz des Verrisses,
textet weiter, dichtet hehr.

Schließlich wird man ihn erlösen,
weil er strebet immerdar.
Dann – gedruckt und handverlesen –
Nimmt die Lyrik keiner wahr.

Seitenlang steht sie geschrieben
in dem schön gefassten Band.
Doch wer sollte sie schon lieben.
wo sie keinen Käufer fand.

*Gudrun Tossing*

**Neuer Wein**

Federweiß-berauscht und -trunken,
wenn die Lese abgeschlossen,
wermuts-, wehmuts- tiefgesunken,
als die Neige ausgegossen.

Im Delirium frohlockend,
immerzu in Übermut,
dann gequält darnieder hockend,
was dem Frohsinn Abbruch tut.

Leberkränkelnd und in Reue,
wenn das Maß mal wieder voll,
halt ich mir daselbst die Treue,
falls die Hoffnung sinken soll.

Schließlich tief geneigt in Gram,
zieh` letztendlich ich den Schluss,
dass ich, was mich überkam,
nun wenigstens bedauern muss.

*Jochen Krenz*

**Krokodil am Nil**

Das Krokodil heißt Krokodil,
denn es schwimmt im Blauen Nil,
weil das Kroko mit dem Fluss,
in dem es schwimmt sich reimen muss.
Hieß das Kroko Krokodein,
gäb's das Viech im Rhein.


*Ell, Manfred*

**Heilix Blechle**

Ein Mensch lässt oft auf Herz und Nieren
sein „Heilix Blechle" kontrollieren.
In regelmäßiger Frequenz
wird inspiziert mit Kompetenz.
Wenn kleinster Mangel alarmiert,
ist prompt Behebung garantiert.
Und wenn banal Funktionen schwächeln,
erstirbt sein sonst zufried'nes Lächeln.

Doch dies wird plötzlich noch verstärkt,
da er sich endlich selbst bemerkt.
Weil's im Getriebe, rauf und runter,
ziemlich heftig knirscht mitunter,
stellt nun der Mensch betroffen fest,
dass ohne Wartung, ohne Test
die Garantie und ihre Frist
bei „ihm" längst abgelaufen ist.

*Ell, Manfred*

**Happy - End**

Ein Mensch sitzt nach des Tages Lasten
gemütlich vor dem Flimmerkasten
und möchte durch die traurig-schönen
Herz-Schmerz-Szenen sich verwöhnen.
Doch noch bevor die Szenerie,
fernab von Herz und Harmonie,
dramatisch wurde und verzwickt,
ist der Mensch schon eingenickt,
entrückt aus seiner Flimmerwelt,
weil Morpheus sanft im Arm ihn hält.
Zum Glück hat er, etwas benommen,
das Happy-End noch mitbekommen
und schlichtweg sich auf solche Art
die ganze Aufregung erspart.


*Ell, Manfred*

**Durch die Blümchen**

Ein Mensch, der will seit ew'gen Zeiten
seiner Frau 'ne Freud' bereiten
und ohne Anlass, ohne Gründe
und ohne die geheimste Sünde
„gerade so" paar Blümchen bringen;
aus Liebe nur, vor allen Dingen.

Er müsste aber zu dem Zweck
alleine mit dem Auto weg.
Doch solches bliebe nicht verborgen.
Denn sie hat stets 'was zu besorgen
und will, dass er sie mit sich nehme.
So hat er stetige Probleme
und wartet schon seit ew'gen Zeiten
auf günstige Gelegenheiten.

*Helmut Tews*

**In der stillen Morgenkühle**

In der stillen Morgenkühle
liebten sich zwei Liegestühle,
der eine rot, der andre blau,
sozusagen Mann und Frau.

Und als die Leibesfrucht gereift,
da war sie rot und blau gestreift.


*Helmut Tews*

**Denk mal**

Denk mal, in Deinem Swimmingpool
schwimmt morgens früh ein Liegestuhl.
Der sagt zu Dir: „Komm, spring doch rein,
ich schwimme nicht so gern allein."
Du bist zwar etwas konsterniert,
dass sowas grade Dir passiert.
Doch schließlich folgst Du seinem Rat
und tust, was er schon vor Dir tat.
Nun schwimmt ihr beide hin und her,
Dir reicht es schon, Du willst nicht mehr,
doch er schwimmt weiter seine Kreise.

Von hinten nähern sich ganz leise
die Männer mit den weißen Jacken,
die Dich beherzt beim Kragen packen.
Sie ziehn Dich aus dem Pool heraus
und bringen Dich ins – Irrenhaus.

*Helmut Tews*

**Der Tiger**

Es war ein Mann in der Savanne,
der hatte eine Autopanne.
Sein reichlich altersschwacher Jeep
machte weder brumm noch piep.

Dem guten Mann ward angst und bang,
dem Handy fehlt es an Empfang.
Die Dunkelheit macht sich schon breit
und keine Hilfe weit und breit.

Ganz plötzlich kommt zu seinem Schreck
ein großer Tiger um die Eck.

Doch statt den guten Mann zu fressen
hat er die Nacht bei ihm gesessen.
Er hat geschnurrt, den Kopf gerieben,
grad so wie es die Katzen lieben.

Am Morgen ist er aufgesprungen,
hat ein Abschiedslied gesungen,
um dann in langen schnellen Sätzen
in die Savanne wegzuhetzen.

Der Mann hat später eingeräumt,
er hat das Ganze nur geträumt.

*Helmut Tews*

**Klimawandel**

Denk mal, auf den Grasfluren der Almen
ständen Palmen,
und statt der Kühe mit den Glocken
würden dort Kamele hocken.

Sepp, der Almbub, der dort pennt,
wachte auf im Orient,
und der Apfel wär 'ne Mandel,
dann wär er da, der Klimawandel.


*Helmut Tews*

**Ein Goldfisch schwimmt**

Ein Goldfisch schwimmt im Toten Meer.
Erst schwimmt er hin,
dann schwimmt er her,
dann schwimmt er kreuz,
dann schwimmt er quer
im toten toten Toten Meer.

Dann fällt ihm auf,
dann fällt ihm ein,
dann kommt er drauf,
er schwimmt allein!

Und während er das Salznass nippt,
versteht er, dass es ihn nicht gibt.

*Helmut Tews*

**Der Tadahara**

Durch den Sand in der Sahara
wühlt sich grad der Tadahara,
schaufelt, kraufelt, runft und krunft,
alles jenseits der Vernunft.
Wenn ihn etwas irritiert,
wird es einfach wegradiert.
Falls dazu die Kraft nicht reicht,
wird es langsam aufgeweicht.

Dumm ist nur, dass Ihr nicht wißt,
was ein Tadahara ist

*Manfred Strolz*

**Beim Sterben**

Beim Sterben
kamen wir uns
näher!

Loslassen mussten
wir!

Sie von
Gummibärchen,
ich vom Bier!


*Manfred Strolz*

**Segne**

Herr, segne die, die
Deiner bedürfen

Spreche mit jenen,
die keine Antwort
wissen

Bejahe ihre Fragen,
wenn verzweifelt
sie sind

Schicke niemanden
fort, der zu Dir
möchte!

*Manfred Strolz*

**Aufbruch**

Oft sind es krumme
Wege, die wir gehen!

Imposant ist unsere
Fähigkeit, Mitgefühl
auszublenden!

Dann schlägt die Stund',
es ist vorbei die Mogelei!
Es zählt, wie du die
Liebe gelebt!


*Manfred Strolz*

**Unbrauchbar**

Boden schrubben, Fenster
putzen, für nichts zu
gebrauchen, mein Mann!

Redet davon, was zu tun ist!
Sonst ist er eine Maus: Nicht zu
finden, wenn man ihn braucht!

*Manfred Strolz*

**Der Adler**

Mächtig seine Flügel,
ausgeglichen sein Flug.
Imposant sein Gleiten,
sein Schweben mit den
Winden

Ein Herr der Lüfte,
manchmal verspielt!
Angriffslustig, wenn
er sich auf Futtersuche
begibt.

Sein Revier ist der Waldrand,
die Seen, zerklüftete Höhen.
Geheimnisvoll sein
Kommen und Gehen.
Atemberaubend sein Flug
in die Herzen der Sehenden


*Manfred Strolz*

**Der Falke**

Einsamer Jäger,
geballte Kraft!

Deine Schnelligkeit
die Beute ausmacht!

*Wolfgang Reinisch*

**Die Butter**

In eine Bratpfanne mit Stiel
neulich ein Stück Butter fiel,
und weil die Pfanne glühend heiß
brach der Butter aus der Schweiß,
und, um die Sache kurz zu fassen ...
Danach war sie sehr ausgelassen!


*Wolfgang Reinisch*

**Die frustrierte Glühbirne**

Nachdem man die defekte Birne
weggeworfen, gnadenlos,
da meinte diese ganz frustriert:
„Jetzt bin ich aber fassungslos!"

*Andreas Blessing*

## „Die Artikel Dichtung und Poesie überschneiden sich"

sagt mir Wikipedia:
Das ist nicht offensichtlich,
und war mir bislang nicht klar.

Schnittmengen von Reim und Abflussrohr,
von Versmaß und Kolbenring?
Das kam mir erstmal befremdlich vor,
Gemeinsamkeit: gering!

Doch eine Dichtung hilft bei Druckabfall,
die andre ist es selbst persönlich.
So zeigt sich hier mit einem Mal
ein ungleich Paar versöhnlich.


*Andreas Blessing*

## Forscherdrang

Die Wissenschaft soll Erkenntnisse bringen
Doch Forscher wollen oft nur Prestige erringen
Es geht vor allem um Publikationen,
Impact-Faktoren und Zitationen
Sie versuchen sich zu messen
Und haben das Forschen fast vergessen

*Andreas Blessing*

**Blamage**

Mancher Film ist anspruchsvoll
Andre punkten mit Humor
Action find ich auch mal toll
Doch mitunter kommt es vor

Da ist ein Film ganz öd
Sich so mancher fragt
Was der Regisseur uns sagt
Die Dialoge ziemlich blöd

Noch schlimmer manche Reportage
Gar nichts zu berichten hat
Rasch hat man es satt
Eine einzige Blamage

Zu hören wie unbekannte
Prominente und Verwandte
Kommentieren doch nichts verstehen
Das kann man nicht lange sehen

Ein Interview mit Experten
Die man im Supermarkt getroffen
Ist als Kapitulation zu werten
Oder aus Versehen geschehen
- So will man hoffen

*Andreas Blessing*

**Sandkörner im Universum**

Stolz auf Geist und Kultur
Erkenntnis und Wissen
Wohin führen sie uns nur
Und unser Gewissen

Trotz all der Eigenarten
Und ein wenig Manier
Bleiben wir doch Primaten
Und ein zweibeiniges Tier

Der Planet käm ohne uns zurecht
Und wahrscheinlich gar nicht schlecht

*Franz Rickert*

**Geheimzahlen-Wahn**

Einmal ein falscher Fingertip
und schon bist Du ausgeknipst
was, Du weißt Dein Codewort nicht
also bleibt der Zugang dicht.

Alles braucht ja heutzutage
geheime Sicherung ohne Frage
um die Bösen abzuhalten
deine Technik einzuschalten.

 Also baust du Eselsbrücken
suchst Verstecke in den Lücken
doch, wenn auch die Zettel weg
dann hilft nichts mehr, oh du Schreck.

Zeitverlust, Frust, Abhängigkeit
statt Zeitgewinn und neuer Freiheit.
Dabei wurd' ich groß
mit dem Fahrradzahlenschloß

ohne Schlüssel sehr bequem
doch konn't wer die Nummer hörn.
Das hilft allerdings nicht mehr
dem heutigen Codeknacker.

Ach könnten wir doch heimzahlen
dem Wahn geheimer Zahlen
oder heimleuchten den Kriminellen
die uns das Leben vergällen.

*Franz Rickert*

**Klarer Blick - Durchblick**

Jahrelang war mein Blick getrübt
durch eine matte Scheibe
in verschwommener Sicht war ich geübt
Aussicht gab es nur zum Teile.

Dann kam der Rat
von Mama klug und weise
den Dreck mal abzuschaben
und siehe da, der Blick wurd' frei.

Ließ sich doch jeder trübe Blick
so schnell und einfach beheben
weg mit dem Dreck und klare Sicht
auf das, was kommen soll im Leben.


*Franz Rickert*

**Geburtstagsständchen**

Heute habe ich einen Euro gefunden
ich bin in Urlaub und habe frei
habe Geburtstag, bereits seit Stunden
Geschenke gab's zuhause, also keine dabei.

Die verschmutzte Dichtung der Waschmaschine
in unsrer Wohnung lud mich ein
sie von Dreck und Geruch zu befrein
so fand ich den Euro im Gummiring.

Er kam aus Irland und zeigte die Harfe
und das, wo ich in Frankreich bin
ein tonloses Ständchen zu Bedarfe
und europäischer Einheits-Gewinn.

*Franz Rickert*

**Echtzeit**

Es wird echt Zeit
mal über die Echtzeit nachzudenken!
Was ist dann unechte Zeit?
Zeit, die nutzlos verstreicht,
die nur so daherkommt, als wäre sie Zeit?
Die man meint zu haben,
die einem aber zerrinnt,
Zeit, die einem nur vorgaukelt,
daß man sie hätte,
wie die Jugendzeit oder Hochzeit,
eh man sich ihrer bewußt wird,
kaum angetreten und schon vorbei?
Oder ist die Sommerzeit unechte Zeit,
da sie die spätere Stunde nur vortäuscht'?
Es gab schlimme Zeiten
es gab schlechte Zeiten
es gab tolle Zeiten
es gab Unrechtszeiten
aber unechte Zeiten
sodaß jetzt die Echtzeit nötig ist?
Also kam rechtzeitig unechtzeitig die Echtzeit?
Zeit heilt alle Wunden
und wenn sie noch so sehr
mit Unworten geschunden.
Bleibt noch unsere Restzeit,
es wird echt Zeit, sie zu nutzen.

*Franz Rickert*

**Hart gebettet**

Hart gebettet muß ich liegen
weich gepackt ist nicht mein Ding
nur wer hart liegt hat noch Antrieb
weich gelagert nimmst Du vieles hin.

Und ist es drum auch unbequem
es hat auch gute Seiten
sich selbst an die Kandarre nehmen
das lerne man beizeiten.

Das harte Lager drückt am Rücken
Du fühlst Dich gerädert und zerschlagen
so manches kann mich nicht entzücken
sehr schwer es alles aufzusagen.

Wer hart liegt, der kriegt Druckstellen
wird grantig, mürrisch, zum Rebellen
das letzte Bett ist auch nicht weich
hoffentlich dann aber die Erde leicht.

So nehm ichs denn als eine Übung
zu einem gelungnen Ende hin
ertrage drum so manche Trübung
suche noch nach klarem Sinn.

Doch bis dahin ist noch etwas Zeit
ich habe noch zu tun
ich bin noch nicht so weit
ich kann mich noch nicht ruhn.

Ich will noch manches wissen
was mir sich noch verschließt
noch etliche Kapitel abschließen
von dem, was noch verdrießt.

So hoff ich noch auf Kraft
daß mir das noch gelinge
und wär es dann geschafft
so geh ich guter Dinge.


*Franz Rickert*

**Nix wert?**

Goldene Kälber gibt es viele
um die wir tanzen unbewußt
so hat ein jeder seine Ziele
die er erstrebt mit großer Lust.

Oft ist's der Zeitgeist, der sie gebiert
Modetrends schnell auszutauschen
heute Sparen, morgen mit Luxus geziert
mal Sport, mal Genuß, mal Waldesrauschen.

Bloß kein Leerlauf, kein Gedanke
immer schön im Tretrad weilen
keine Hemmung, keine Schranke
derweil wir so durchs Leben eilen.

Was gibt es denn an echten Werten
die es zu umtanzen lohnt,
wer zeigt uns die verheißne Ehre,
die letztlich allem innewohnt?

Was gibt dem Leben Sinn und Würde
was kann geben letzten Halt
was macht leichter seine Bürde
was hilft würdig werden alt?

Muß ein jeder selber finden
was ihn innerlich erfüllt,
und an was soll man sich binden,
daß es einen sacht umhüllt?

Ist es Liebe, ist es Treue,
ist's Gesundheit ist's Erfolg
ist's Genuß ohne Reue
ist's Freundschaft oder Gold?

Wo sollen wir fest uns legen,
heute dies und morgen das
welche Werte wollen wir hegen
Hauptsache voll sind Scheuer und Faß?

Das kanns nicht sein
Das ist zu billig
unsere Würde fordert ein
sein wir weltgerecht und willig

zu mehr Zeit für Freundlichkeit
für Humor in allen Lagen
mit Musik, Kritzeln, Fertigkeit
gehen wir forsch an alle Plagen!

*Franz Rickert*

## Im falschen Abteil

Irgendwie war ich im falschen Abteil gelandet,
zuerst fiel es mir gar nicht auf.
Ich wurde überaus höflich behandelt
und war ein wenig stolz darauf.

Alles war neu, geräumig, vornehm
es gab Lektüre und Naschwerk prächtig
hofiert und bedient war es überaus angenehm
so viel des Guten war aber dann doch verdächtig.

Bei einer Kontrolle kam es heraus,
zu hoch gegriffen, die Nümmerchen außen übersehn,
so kann es ohne Brille gehn,
der Schaffner war gnädig und ich ging hinaus.

Zurück marsch, marsch, auf die billigen Plätze,
die abgenutzt und eng, doch mir vertraut,
Bild der üblichen Alltagshetze,
doch hier war mir wohler in meiner Haut.

Nun richte ich mich wieder ein
in der Enge bei meinen Leisten
kann ich jetzt beruhigt sein
ich lebe so wie die Meisten.

*Wilfried Linke*

**Angst**

Sagen wir: Angst. Für das Marschieren
der anderen Angst. Die Augenparade fixiert
auch nur hilflos vereiste Singvögel.
Sagen sie: Autogenes Training kühlt dich

Ach hör doch auf. Komm erzähl was anderes.
Der Reihe nach. Sezierlinien entlang holt Atem
die Angst. Die Angst versorgt sich mit imaginärem
Sechs-Uhr-Klopfen an der Tür. Traum Rachehöhle

Sagst du: Laß Licht. Angina pectoris angekündigt.
Krank unterm Nachtviolett der AllesAllesWünsche.
Und gleichgültig im Morgentau sensibler Pressschläge.
Sag ich: Tote Winkel tauchen auf. Hinterm Rücken

*Wilfried Linke*

**Geschützte Quelle**

*17. Februar 1991*

Schneehell gestern. Und nachts der Tag.
Um drei Uhr das Ende vom Lied.
Kalt und ich habe gelesen. Monika H.
die geschützte Quelle. Und wer
bist du gewesen? Drei Monde
über der Stadt. Einer liegt im Bett
neben dir. Furcht heißt fear.
Schlafleer dreizehn Patienten
im septischen Trakt. Der Monstera
faulen die Blätter ab. Wolf Biermann
singt sich die Seele nackt. Wer weiß
wer sich an welcher Quelle erbrach?
Eine schmückt sich aus
und stürzt flach

*Wilfried Linke*

**sehnsucht ina**

nach dem mundtoten gestammel des tages
fallen messiashämmer tv in den abend für
abend die bewußtdesigner entfärben die vorfilme
lust ina bleib messianin deiner selbst

moviestar auf meiner netzhaut kino unter dem bewußten

blendet der vorspann auf: meine sehnsucht kreuzt
den taubnesselweg freie feldfarben zäune
lattenlose grüßen erleichtert den horizont
während nervöse rauchpilze aus meiner zigarette

wachsen gelbe rapsfelder gelb die wolken vom warten

auf das gewitter dein abfallkleid ina blitz
hinter der weggabelung leuchtschrift die haare
und die fetzen deiner brandblicke tätowieren
meine fantasie the times they are changing

der hauptfilm entläuft in die vogelperspektive

das gelächter des roten milan verfolgt die beute
vogelstrategie wie unser blindflug über dem gelbmeer
ina wir sind das brennende treibgut darin
in uns krepiert das ersehnte gewitter
brandnarben unter der haut unserer abstürze
die taubnesseln vom cäsiumwind bestäubt
im roten milan hockt der grüne star wir wechseln
vor der weggabelung die kassette der sentimentalität
aus und vergilben als standfoto im abspann

*Wilfried Linke*

**tomorrow never knows**

morgens die ratten
die ratten öffnen
tiefkühlschlaf

morgens das spiegelbild
das spiegelbild der angst
im waschwasser

morgens der graben
der graben des tages aufgerissen
vor der haustür

am abend die ratten geschminkt
das spiegelbild sucht seinen leib
und gräben mustern ihre schützen

        treibt ein staubiger stein orange
        über den himmel langsam
        langsam rotsüchtig über dem schwarzen
        gras der erde

*Wilfried Linke*

**wer du bist**

sie haben dich namenlos
ins familiengestrüpp
ausgesetzt
und vergessen

sie haben dich unbeantwortet
ins fragenlabyrinth
ausgesetzt
und verloren

sie haben dich nebenbei
im Wortregen
ertränkt

du bist
entkommen

*Norbert Autenrieth*

**Familienglück**

Aus einer stickigen Jurte
in baumloser Steppe,
aus löchrigen Zelten
am Rand der glühenden Wüste,
aus staubigen Ruinen
zertrümmerter Städte,
sind sie entkommen,
untergekommen,
allein unter Fremden,
doch miteinander
geborgen im Unglück.

Gehetzt vom Einkauf zurück,
beschäftigt am IPhone,
auf der Suche
nach der nächsten App,
miteinander vernetzt
durch WhatsApp
sitzen sie,
jeder für sich,
in der Villa des Glücks.


*Norbert Autenrieth*

**Über das jahr**

Ich sehe nach dir
aus dem fenster
sehe ich
an den Stuhl
gebannt
auf die Fensterbank
gestützt
deinen Schatten
an der Fassade gegenüber.

Im frühjahr
warte ich
ob du den winter
hinter dich
lassen kannst.
Ob deine kahle erscheinung
sich zart zersäuseln
oder heftig verrauschen kann.
Tag für tag
ein bisschen mehr.

Ich kenne dich
ohne dich zu sehen
ohne dich zu berühren.
Deinen farbenwechsel
sähe ich gern.
Doch stetig klarere konturen
sagen mir dann
den herbst wieder an.

Ich sehe täglich nach dir
aus dem fenster
sehe ich
auf den stuhl
gebannt
auf die Fensterbank
gestützt
deinen Schatten
an der Wand gegenüber
mit der täglichen sehnsucht
nach ereignis.

*Norbert Autenrieth*

**Das Haus**

Über knarrende Dielen
huschen heimliche Liebschaften,
im Gebälk
stöhnen verletzte Seelen,
hinter quietschenden Türen
klagen Gequälte,
heimliches Lachen tönt
aus winddurchwehten Zimmern.

Mit schwindender Kraft
röchelt das Haus,
raunt mit letzter Luft,
um nicht aus der Zeit zu fallen.

Noch kann man sie erahnen,
die Geschichten,
unter Staub und Schutt verschüttet,
von morschen Balken zerschlagen,
aus zersplitterten Fenstern verweht,
durch geborstene Türen entschlüpft,
von zerbrochenen Ziegeln zermalmt,
an feuchten Wänden verschimmelt.

Morgen Tand vergangener Zeit,
nichts mehr preisgegeben,
für immer dahin.

*Werner Hetzschold*

**Identität**

Mein Ich habe ich verloren.
Ich weiß nicht, wer ich bin.
Ich wurde noch einmal geboren.
Die Geburt war kein Gewinn.

Nur Tod war um mich herum.
Nur Chaos rings auf der Welt.
Verstummt der Bienen Gesumm.
Kein Apfel vom Baume fällt.

Die Erde – eine alte Frau –
lag in den letzten Zügen.
Ihre Farbe war ein Engel-Blau.
Sie wollte den Kosmos belügen.

Erkaltet die Erde und tot.
Alles Leben musste verderben.
Am Himmel – kein Morgenrot.
Wieder wird ein Planet sterben.

Auf einen anderen Planeten flüchte ich,
entgehe dem Tod auf der Erde.
Hoffentlich treffe ich dich,
damit ich vereint mit dir werde.

*Werner Hetzschold*

**Heiß war der Sommer**

Heiß war der Sommer und voller Liebe.
Der Himmel erstrahlte in glühendem Blau.
Verdorrt waren alle Blumen und Triebe,
verwandelten sich in ein totes Grau.

Heiß waren die Nächte und voller Lust.
Der Himmel zum Greifen bereit.
Mein Kopf, gebettet an deiner Brust,
entführte mich in die Zärtlichkeit.

Der Atem der Wiese war heiß und schwül.
Die Bäume verdeckten der Sterne Licht.
Lautlos nahte der Morgen und kühl.
Feucht waren die Nebel und dicht.

Der Mittag leuchtete in der Sonne Glut.
Heiß fühlte er sich an.
Allem Leben nahm er den Mut.
Der Wald, die Steppe zu brennen begann.

*Werner Hetzschold*

**Befehl Naturwunder**

Zwischen Feldern und Wiesen nahe dem Wald
liegt das Dorf, das ich kenne und liebe,
mit seinen Bäumen, die Früchte schwer,
den nahenden Herbst verkünden.

Grell leuchtet zwischen Kiefern und Birken
weithin sichtbar Heidekraut in flimmernder Mittagsglut.
Das Dorf schläft, vielleicht träumt es nur,
ahnt wie die Menschen das nahe Ende.

Unter der Erde ruht ein Schatz.
Geborgen muss er werden, schreit die Macht.
Lässt die Erde aufreißen, durchwühlen.
Das Dorf verschwindet über Nacht.

Der Schatz ist geborgen, die Heide zerstört.
Neu geboren soll sie werden, fordert die Macht.
Aber die Heide ist verloren, bleibt unbewohnt.
Ihr Zauber ist fort, unwiederbringlich.

Die Macht befiehlt ein Naturwunder,
lässt die Heide, den späteren Tagebau fluten.
Riesig ist der künstliche See.
Die Landkarten nehmen Notiz von ihm.

*Werner Hetzschold*

**Der ewige Wanderer**

Sie sind gewandert hin und her,
brauchten weder Brücke noch Steg.
Gewöhnlich war ihr Leben schwer.
Ungewiss war ihr Weg.

Fremde waren sie überall,
dort, wo Menschen waren.
Unsichtbar der Grenzen Wall.
Überall nur Gefahren.

Sie wurden aufgehalten überall,
wohin sie ihr Weg auch führte.
Sie sehnten sich nach der Welten All,
das sie als Millionen Sterne berührte.

Nur dorthin konnten sie nicht entfliehn.
Diese Welt war viel zu weit.
Nicht einmal wie Vögel konnten sie ziehn
in des Himmels unendlicher Unendlichkeit.

So sind sie gewandert hin und her
von Ost nach West, von Süd nach Nord.
Sie fuhren über das große Meer.
Bis heute setzen sie ihre Reise fort.

*Werner Hetzschold*

**Der letzte Herbst**

Am Morgen steigen Nebel auf.
Abends kehren sie zurück.
Kürzer ist der Sonne Lauf.
Himmel blau – ein Glück.

Die Heide träumt im Mittagslicht,
kündet die Zeit der Ernte an.
Dort, wo der Wald besonders dicht,
ziehen uns magisch Pilze an

Auf den Feldern steht hoch der Mais,
verdrängt der Wiesen Blumen Pracht.
Vergangenheit ist der Biene Fleiß.
Kein Hase in der Furche wacht.

Mit Mais wird Energie erzeugt.
Nur Schlacke und Gülle bleiben.
Die Technik sich vor dem Mais verbeugt.
Statt Kohle Pflanzen Geschichte schreiben.

In die Erde sickert die Gülle,
verpestet das Wasser mit ihrem Gift.
Die Erde wird zur leblosen Hülle,
die nur auf leblose Körper trifft.

*Werner Hetzschold*

**Abschied**

Kühler und länger die Nächte,
heller erscheint der Mond.
Der Sommer verliert seine Rechte.
Die Heide – wieder unbewohnt

träumt zwischen Kiefern und Birken,
dass alles so wieder wird,
dass wieder Naturkräfte wirken
wie ein guter selbstloser Hirt.

Hoch am Himmel Kraniche kreisen.
Neue Schwärme treffen ein.
Laut ihre Rufe – weichen dann leisen.
Auf der Reise ist jeder allein.

In Keilform brechen sie auf.
Der Süden ist avisiert.
Sie folgen der Flüsse Lauf.
In der Abendsonne ihr Weg sich verliert.

Die Störche, die Kraniche sind verschwunden.
Gänse, Enten täglich kommen,
drehen über Seen und Wiesen Runden.
Die Heide hat Nachricht vom Winter vernommen.

*Werner Hetzschold*

**Burn out**

Ich fühle mich aufgebraucht,
kann nicht mehr schlafen.
Ich fühle mich ausgelaugt.
Freunde, die mich trafen,

Jahre liegt es zurück,
erkannten mich nicht mehr.
Für mich war es ein Glück.
Mir fiel der Abschied nicht schwer.

Nie waren wir Freunde gewesen.
Freundschaft heißt lebenslänglich.
In ihren Augen konnte ich lesen:
Freundschaft ist vergänglich.

Mein Leben war ein Versuch.
Durchaus war er gelungen.
Vielleicht steht in einem Buch:
Keiner weiß, wohin entsprungen.

*Werner Hetzschold*

**Landschaft**

Staaten kommen, vergehen.
Landschaften bleiben.
Grenzen verwehen.
Landschaften Geschichte schreiben.

Länder wachsen, gedeihen.
Landschaften sind ihr Gesicht.
Menschen nicht verzeihen,
wenn ihre Heimat zerbricht.

Landschaften sind Gefühle.
Länder ein Herrschaftsanspruch
mit staatsmännischer Kühle
bis zum Zusammenbruch.

Heimat ist Landschaft.
Nationen nur geschaffen,
verbindet nicht die Kraft,
nur die Waffen.

Heimat, das ist die Seele,
ist Vater, Mutter und Kind,
die ich nicht verfehle.
Ich spüre sie im Wind.

*Werner Hetzschold*

**Es ist ein Feiertag**

Es ist ein gelungener Feiertag.
Die Regierung feiert sich.
Der Bürger ihn nicht mag.
Der Tag verwechselt mich und dich.

Das Oben feiert Triumphe,
die da unten kennen sie nicht.
Sie kennen nur menschliche Sümpfe
und das jüngste Gericht.

Es ist ein altes Lied:
Feinde söhnen sich aus.
Unterdrücker Unterdrückte mied,
zu erkennen an ihrem Haus.

Es ist das alte Lied,
Gleich zu gleich gesellt sich gern.
Der Arme den Reichen mied.
Wollte nicht noch einen Herrn.

Wie immer prosten sie sich zu.
Ob Diktatur, ob Demokratie
sie finden keine Ruh.
Erst im Papierkorb der Utopie.

*Werner Hetzschold*

**Ohne Hoffnung**

In einer untergehenden Sonne verlischt das Licht.
Dunkel die Dörfer und menschenleer.
Ein roter Mond den Himmel durchbricht.
Dunkle Wolken liegen schwer

über den Wäldern, Feldern und Wiesen,
die gestern noch in vielen Farben geglüht.
Noch gestern wurde die Heide gepriesen,
die im Novembernebel verblüht.

Verlassen die Höfe, die Scheunen leer.
In den Ställen kein Leben.
In der Ferne rauscht unruhig das Meer.
Am Himmel sich ferne Welten regen.

Wohin sind die Menschen nur gegangen,
deren Zuhause einst diese Häuser waren?
Was haben sie nur angefangen
in diesem Land und den vielen Gefahren?

Sind sie der Sonne entgegen gezogen?
Die Sonne gibt Wärme und Licht,
fühlten sie sich in dieser Kälte betrogen,
versperrte der Nebel ihre Sicht?

*Werner Hetzschold*

**Denkmal**

Denk mal, da kommt ein Zug.
Eingleisig die Strecke mitten im Wald.
Ihm entgegen kommt ein Zug.
Kein Signal zwingt die Züge zum Halt.

Denk mal, die beiden Züge treffen sich
mitten im Wald in der Einsamkeit.
Keiner dem andern auswich.
Sie lagen gut in der Zeit.

Denk mal, der die Züge fahren lässt,
lenkt sich gerade ab mit einem Spiel,
ahnt nicht, dass beide Züge fest
sich ineinander schieben und viel

Leid und Schmerz für andre bringen,
die nicht in diesen Zügen sitzen,
die sich im Urlaub in die Lüfte schwingen,
schon gedanklich in der Sonne schwitzen.

In den Trümmern Menschen sterben.
Ein Denkmal erinnert an sie.
Ein Spiel brachte sie ins Verderben.
Auf ihm steht: Wir vergessen euch nie!

*Werner Hetzschold*

## Tilman Riemenschneider

Er kam aus dem Nichts, wusste nicht woher,
lernte Schnitzen, Malen, den Umgang mit Farben.
Sein Geburtsjahr ein Rätsel, nicht mehr.
bis ihm die Enge der Zunft das Leben verdarben.

Er wanderte durch das deutsche Land,
hinterließ seine Spuren hier und dort,
bis er in Würzburg ein Zuhause fand.
Er wurde reich und berühmt an diesem Ort.

Mit Aufträgen von Kirchen überhäuft,
lernt er Korruption und Misswirtschaft kennen.
Der Fürstbischof im Reichtum ersäuft,
lässt die Gehöfte der Bauern niederbrennen.

Sein Glaube wird auf die Probe gestellt.
Luther folgt einem neuen Weg.
Die neue Lehre die Zukunft erhellt.
Der Künstler balanciert auf einem schmalen Steg.

Dort, wo er lebt, herrscht der Fürstbischof.
Er vertritt der Bürger Recht im Magistrat.
Bauernheere belagern der Fürsten Hof,
sehnen sich nach einem reformierten Staat.

*Werner Hetzschold*

**Monument Wahalla**

Friedlich fließt die Donau dahin
auf ihrem Weg zum Schwarzen Meer.
In der Wahalla ich bin,
beeindruckt von den Köpfen um mich her.

Prinz Ludwig von Bayern ließ sie erbauen,
wollte erinnern an ruhmreiche deutsche Vergangenheit.
Nicht auf Napoleon sollte die Menschheit schauen,
der brachte Europa nur Kummer und Leid.

Nach Wahalla sollen die Blicke sich richten.
Die größten deutschen Köpfen stehen dort.
Nicht nur Köpfe, die dichten,
auch Kaiser träumen vor Ort.

Das Heilige Römische Reich Deutscher Nation
ist mit Ludwigs berühmten deutschen Köpfen vertreten.
Herrmann der Cherusker und seine Revolution
lehrten die Römer das Beten.

Heinrich Heine durfte den Tempel betreten,
da waren der Prinz und Hitler längst tot.
Bayerische Würdenträger hielten bajuwarische Reden.
Am Himmel ein zartes Heine-Rot.

*Werner Hetzschold*

**Klima-Wandel**

Dunkel die Straßen, fast menschenleer!
Ein Kälteeinbruch liegt in der Luft.
Nebelschwaden lösen sich vom Park,
wandern durch die Straßen und Gassen der Stadt.

Nur wenige Tage, dann weihnachtet es.
Die Kinder zählen schon die Tage.
Nebel verdeckt Sterne und Mond.
Gespenstisch huschen Scheinwerfer durch die stille Stadt.

Dichter und dichter wird der Nebel.
Nasskalt fühlt er sich an, kriecht
bis auf die Haut, lässt den Körper erzittern,
weckt Krankheit und Depression.

Der Gespensterhimmel ein einziger Schrei!
Kraniche tauchen auf, gleiten zu Tausenden flach über die Dächer,
sie mit ihren Flügeln fast berührend,
verzweifelt auf der Suche nach dem fernen Süden.

Wie die Menschen glaubten auch sie, dass das Klima sich ändert.
Bis eben war die Luft noch warm, fast schwül.
Jetzt überfällt der Winter die Ahnungslosen, fordert Opfer.
Sie wollten nicht an das Ende der Warmzeit glauben.

*Margita Osusky-Orima*

**Kann man das Vergessen**

Am 1. September an einem Freitag
Marschierte die Deutsche Wehrmacht
1939 in Polen ein
Und sie marschierte weiter
Nach dem Welteroberungsplan
Hunger Gräueltaten Unrecht Mord
Bomben Trümmer Blut und Tod
Bilder der Gefallenen in goldenen Rahmen
Hängen an den Wänden wie am Galgen
Tränen viele Tränen bewässerten die Scherben
Viele Scherben Tag und Nacht
Während fast sechs Jahren lang

Und wieder ein Kalendertag
Dienstag der 8. Mai
Kündigte 1945 das Ende des Zweiten Weltkrieges an
Frieden! Turmglocken läuteten eine Stunde lang
Frieden! Der hart erkämpfte war da
Frieden! Eine Hymne zu komponieren war
Frieden! Eine Liebeserklärung an die Menschheit
Frieden! Menschenrechte bis in alle Ewigkeit
Frieden! Ohne Terror und Gewalt

Tränen viele Tränen
Tränen der Freude
Tränen der Trauer
Perlten in den Augen
Der Überlebenden

DAS KANN MAN NICHT VERGESSEN!

*Margita Osusky-Orima*

**Der Bruderzwist**

Ach was muss man hören oder lesen
Wie zum Beispiel von den Zwillingsbrüdern
Die Kommunismus und Faschismus hiessen
Einer war rot der andere schwarz
Sie waren zum Verwechseln gleich
Als Kinder liebten sie sich
Später hassten sie sich
Mit Mordlust an Unschuldigen
Beide Brüder ihre Blutgier stillten
Alles was ihnen im Wege stand
Rotteten sie brutal
Der eine auf die rote
Der andere auf die schwarze
Art und Weise aus – und
Zettelten gegeneinander
Den Zweiten Weltkrieg an

Eine ewige Witwe nicht die Bolte
Im goldenen Gewand
Beobachtete die beiden Kerle
Und war auf Demokratia getauft
Sie verbrachte viele Stunden
Vor dem Spiegel an der Wand
Streckte das graue Haupt
Manchmal aus dem Fenster raus
Plötzlich unter ihrem Fenster
Ein Gegacker vieler Hühner
Kleiner Kücken in Todesangst
Da erschrak die alte Dame
Versteckte ihren Taubenkopf
Wie ein Strauss
Im schweigenden Sand

Die schöne Jungfer Neutralia
In diesem harten Krieg und Kampf
Des berühmten Zwillingspaares
Kokettierte nach Lust und Laune
Mal da mal dort
Im schneeweissen Abendkleid
Nach diplomatischem Bedarf

Kommunismus und Faschismus
Die Zwillinge der unmenschlichsten Art
Hatten viel Blutvergiessen
Massenmorde auf dem Gewissen
Hinterliessen Todesangst

Das war nun der Erste Streich
Die Geschichte darf sich niemals wiederholen
So kommt es nicht zum Zweiten Streich


*Jutta Ochs*

**Nachmittagsgefühl**

Nachmittagsgefühl,
die Welt stellt sich schräg,
Wege haben sich
In eine neue Bahn geschoben,
strecken sich,
in eine milchige Fremde.
In den Häusern gären,
Die Schicksale der anderen.

*Jutta Ochs*

**Dieses Mädchen**

Dieses Mädchen,
mit dem Himmelsblau
in seinen Augen
wird an meiner Seite sein
in dem Land unserer Zukunft.
Seine rosige Hand
hält jetzt schon
die meine,
braun und rissig,
vom Weg, durch die ausgedörrte Fremde
in das Land unserer Zukunft.
Von dem die Eltern mir erzählten,
nachdem unsere Welt
in Angst und Trümmern versank.
Ihre stumpfen braunen Augen
leuchten,
Wenn ich ihnen erzähle
Von dem Mädchen mit dem Himmelsblau
In seinen Augen, das ich sah
auf dem Bild
aus dem Land unserer Zukunft,
seine rosige Hand winkt,
es wartet
auf mich.

*Thomas Kleinschmidt*

**Wollte nicht mehr im Weiß steckenbleiben**

Wie brav die Hand gehorcht
Nun Nähe vorgaukelt, Kurven bestimmt
Und selbst ist
Bizarre Eigenheiten ordnen sich unter
Die großen Entwürfe passen sich an
Verblassend die Geschichte
Hat die Idee doch nicht verloren


*Thomas Kleinschmidt*

Am Morgen schien das Wort nicht schreibbar
Auf diesem Sandpapier
Dann trotzig geglättet und vorbereitet
Wurde es gierig, bog sich dem Stift entgegen
Forderte alle Aufmerksamkeit
Erfand sich selbst
War einen Strich voraus
Ließ sich nicht einholen
Spielte und verbarg sich
Diktierte zuletzt, Mensch

*Thomas Kleinschmidt*

**Liebe 2015**

Die Nacht für uns gemacht
Den Tag dann zu vergessen
Dazwischen lagen Körper bloß
Wir hatten sie besessen
Dazwischen fand sich Hand an Hand
Die Welt der Illusionen
Wir schauten hin als schauts zurück
Als wären wir Ikonen


*Thomas Kleinschmidt*

In dieser bahn
Die immer schneller fährt
Keine Nachbarn kennt
Nur Kontrolleure
Abholt, verteilt und rausschmeißt
Und immer weiterfährt
Ohne Ziel aber in den Gleisen
Fahren wir hin und her

*Karin Hotek*

**Winterwaldzauber**

Knorrige Eichen am Hainichrand,
silber geschmückt ist die Flur
Raben erschallen in der Nebelwand,
kreisen am Horizont nur

Schweben so hoch im Vogelflug,
Schreie verhallen im Geäst
Natur im schönsten Schmuckanzug,
alte Buchen laden zum Fest

Welke Gräser thronen im Reifkostüm,
hell leuchtend am Waldesrand
Moosflechten grazil auf Schlehengestüm,
geschmückt mit Tauperlenband

Am Himmel strahlt schwach der Sonnenball,
sanft glitzert der Weg im Eise
einsam schlängelt sich der Wegeswall,
träumend geh ich ganz leise

*Eberhard Schulze*

**In deinem Büro**

Gern sitz ich
am Doppelschreibtisch
für eine Viertelstunde
dir gegenüber und sehe
beim Arbeiten zu.
Du beugst dich
über deine Papiere.
Im Ausschnitt des Tops
schaukeln sacht
unter dem BH
zwei süße reife Birnen.
Wie draußen am Baum.
Du hebst den Blick.
Ich schau dir ganz
unschuldig in die großen
graublauen Augen.
Die sind genauso schön.


*Eberhard Schulze*

**Ich schrieb dir**

Ich schrieb dir viele Lieder.
Sie trafen nicht dein Herz.
Nun irren sie
heimatlos umher.
Womöglich finden sie
eine Frau,
die sie mag,
ohne mich zu kennen.
Und die mich
gern kennen würde.
Aber nie treffen wird.

*Eberhard Schulze*

**Im Ginstergold**

Die kleine Bahnstation
hinterm Kiefernwald, im Juni.
Nur ich stieg aus dem Zug.
Du standest wartend
neben der Straße zum Dorf.
Bis zum blühenden Ginster
auf dem Hang
kamen wir noch.
Zwischen den Büschen
fielen wir ausgehungert
übereinander her.
Wie gut lag es sich danach
nackt in der Sonne, umbrummt
von geschäftigen Hummeln.
Beim Aufbruch schimmerte
dein schwarzes Schamhaar
goldgepudert.


*Eberhard Schulze*

**Gansäugige**

Blauäugige, du.
Dein wachsamer Blick mahnt:
Verletze mich nicht.
Du Wildgans mit rauher Stimme.
Die sagt: Ich folge dir. Aber nur
frei, selbstbestimmt.
Und warnt: Enttäuschst du mich,
fliege ich fort und komme
nie wieder.
Ich sehe dir in die Augen
und weiß: Du meinst es
wirklich so.

*Eberhard Schulze*

**Der Betrunkene mit der Rose**

Jeden Tag
bricht der Betrunkene
eine rote Rose
in den städtischen Anlagen.

Stelzbeinig
steigt er in den Bus.
Setzt sich, die Mütze
ins Gesicht geschoben,
und dreht die Rose
zwischen den Fingern.
Die Leute lachen über ihn.
Dann steigt er aus.
Geht zum schon lang
bekannten Haus
und steckt die Rose
in den Briefkastenschlitz.

Sie kommt spät,
fasst die welke Rose
mit spitzen Fingern
und wirft sie beiseite.
Jeden Abend.

*Eberhard Schulze*

**Was ich will**

Du fragst mich,
warum ich dir nicht
Geliebte sein will,
wo du doch spürst,
ich mag dich.

Ich will den Mann meiner Wahl
auf der Straße küssen dürfen.
Ich will Hand in Hand
mit ihm gehen.
Mich nicht verstecken.
Ich will morgens
neben ihm aufwachen
und ihn nicht nachts
nach Hause schicken müssen.
Ich will mit ihm Frühstück
und Abendbrot essen.
Ich will das Wochenende
mit ihm verbringen und nicht nur
ein, zwei Stunden in der Woche.

Darum, mein Lieber,
tauge ich nicht
zu deiner Nebenfrau.

*Eberhard Schulze*

**heute**

heute bin ich bei dir
morgen bei ihm
und übermorgen allein
zuhause
ihr müsst einander nicht
überbieten in eurer liebe
zu mir
ich will mich nicht entscheiden
zwischen euch
darf eine frau denn nicht
zwei männer lieben

heute bin ich bei dir


*Eberhard Schulze*

**Ahnung**

Zartblau schimmert der BH
durch die seidene Bluse.
Wie schön er deine Brüste formt.
Könnte nicht auch dein Rock
aus dem Blusenstoff sein?
Dann sähe ich die Rundungen
deines Hinterns im Slip.
Und wünschte, du würdest bald
unverhüllt, schön in deiner Nacktheit,
vor mir stehen.

*Eberhard Schulze*

**belagerung**

ich bestürme dich
wie eine festung
die sich verteidigt
gegen meine liebe
immer neue mittel
setze ich ein
dich zu erobern
weil du mir mehr bedeutest
als nur den sieg
über deine zweifel
es ist keine niederlage
wenn du die weiße
fahne hisst werde ich
alle meine waffen
niederlegen und dich
lieben


*Eberhard Schulze*

**Was trieb dich**

in die Arme dieses Mannes?
Flucht vor mir,
mit zurückgewendetem Blick?
Ist es besser, den zu umarmen,
der dich nicht liebt, nur begehrt,
und ihn zu empfangen im Bett.
Als meine verzehrende Liebe
zu fürchten. Wolltest du ihr
so entgehen?
Meinen fragenden Augen.
Sag, war es das wert?

*Eberhard Schulze*

**Ein Anderer**

Du bist jetzt
bei dem anderen Mann.
Dich halten zu wollen
war vergebens.
Nachts lieg ich allein
und kann nicht schlafen.
Ich vermisse deine
vertraute Nähe.
In Gedanken hör ich dich
einem Anderen
Liebesworte flüstern.
Ich seh andere Lippen
deine vollen küssen.
Andere Hände streicheln
deine weichen Brüste.
Unter einem anderen Mann
seh ich dich beben,
hör ich dich stöhnen.
Warum kam dies so?

*Ilonka Meier*

**Hauch des Südens**

An einem wunderschönen
maurischen Platz:
ein altes Gebäude -
nicht von dieser Welt
eine Uhr
stehengeblieben
die Zeit
und eine Glocke
Symbol
des Anderen
Palmen
und Marmor

Ein Hauch des Südens ...


*Ilonka Meier*

**Sitges**

Auch dieser Ort
einst Stadt
des Chaos
des Abschieds
des Schmerzes
und Stadt
neuer Begegnungen
erscheint
in einem
anderen Licht
wenn Zeit
vergangen ist.

*Ilonka Meier*

**Für einen Moment**

Ganz nah sein
und ganz fern
heute
hier
und jetzt -
mit Dir
und ohne Dich
an Dich denken
hier
an diesem Platz
wenn auch nur
für einen Moment


*Ilonka Meier*

**Barcelona –
Liebeserklärung
an eine Stadt**

Sie
ist schön
sie ist
aufdringlich
und
ich liebe sie.

*Ilonka Meier*

**Zimmer mit Ausblick**

Morgens
die Sonne
aufgehen
sehen.
Abends
die Sterne
zählen
Geschichten
erzählen
und träumen
von einem
anderen Leben.


*Ilonka Meier*

**Fühlen und Sein**

Keine Hektik
keine Eile
keine Diskussionen
Erklärungen
Interpretationen -
einfach nur
fühlen und sein.

*Ilonka Meier*

**An den Süden**

Ich schlendere
durch die Gassen
Deiner Seele
tauche immer tiefer ein
in das Andere
Fremde
und doch so Vertraute
atme
Dein weiches Licht
und wühle mich
durch Dein Geheimnis
das da heißt
Süden!


*Ilonka Meier*

**Licht und Schatten**

Weiße Stadt
im hellen Licht
ich tauche ein
in das Lebendige
Weite, Helle und Andere
wenige Meter entfernt nur
im Schatten
dieser Landschaft
Marokko –
fremd
und doch vertraut;
ich bin ganz bei mir.

*Ilonka Meier*

**Vejer de la Frontera**

Plötzlich
und unerwartet
taucht sie auf
protzt stolz
und strahlt
in ihrer ganzen
Schönheit


*Ilonka Meier*

**Vejer de la Frontera II**

Heute
erschließe ich mir
zum ersten Mal
die Stadt.
Staunend
schlendere ich
durch die engen Gasse
entdecke
abgelegene Winkel
fremde Plätze
zum Verweilen
nähere mich an
nehme Gerüche wahr
lausche
dem Klang
der Sprache
und frage mich
wo ich all die
vergangenen Tage war.

*Reinhard Lehmitz*

**Moderne Säulen**

Spaß haben und wegwerfen
Das Belebte und das Unbelebte
werden zum kalten Inventar
Das sind die Säulen der Moderne
Der Sinn des kostbaren Lebens
verwässert zu einer trüben Brühe
Lebenskultur geht den Bach herunter

Wir erinnern uns…

Wasser läuft immer bergab,
auch bis in die tiefsten Abgründe


*Reinhard Lehmitz*

**Am geliebten Strand**

Die Krümmung der Ferne
in menschenloser Schönheit
angrenzend an die endlose
blaue Membran des Himmels
Farbenprächtige Mineralogie
lässt sich auf der Haut spüren

Schrankenloses Glücksempfinden
in dem man nur für sich ist
Glück kommt an einen Punkt
wo die Beschreibbarkeit aufhört
so wie die bedingungslose Liebe
sich dem Wortschatz entzieht

Die Gegenwart dehnt sich
am geliebten Strand

*Reinhard Lehmitz*

**Für meine Mutter**

Du hast mich getröstet
und in den Schlaf gewiegt
Du warst immer
in meiner Nähe
Rastlos warst du da

Noch heute spüre ich
deinen breiten Daumen
wie er auf meinem Gesicht
seine Kreise zog

Als du gegangen bist
hielt ich deinen Daumen
in meinen Händen


*Reinhard Lehmitz*

**Anfang und Ende**

Das Universum hatte einen Anfang
sagt die rationale Wissenschaft
Und es wird ein Ende haben
sagen die geltenden Naturgesetze

Gibt es ein Zurück zum Anfang
oder wird Anfang neu geboren?
Wohin geht das was ist?
Wo ist das was noch nicht ist?

Das Denken erlaubt diese Fragen
aber es gibt auch Fragen
zum Anfang und zum Ende
die können wir nicht denken

*Reinhard Lehmitz*

**Dein Sternbild**

Das Blau
deiner Augen
hat etwas
Einzigartiges

Es wirkt himmelblau
wenn du
vom erfüllten Leben
schwärmst

Strahlt türkis
wenn du
von neuem Leben
flüsterst

Leuchtet kornblumenblau
wenn du
dich öffnest
für neues Leben

Und wenn
das neue Leben entsteht
funkelt im Schwarzblau
deiner Augen

dein Sternbild

*Reinhard Lehmitz*

**Warum nicht schon jetzt?**

Lebe
warte nicht ab
mit dem Leben

Ich weiß
ein zweites Leben
ist im Gespräch

Aber
es gibt da
gewisse Unsicherheiten

Denn
wer weiß schon
um den wahren Himmel

Warum
sollte nicht schon jetzt
Himmel sein?

Was spricht dagegen?

*Reinhard Lehmitz*

**Für immer**

Ich möchte für immer empfinden…

Mit dir geboren worden zu sein
aus der Unendlichkeit des Seins
in eine Welt der Vergeistigung des Staubes

Mit dir gewachsen zu sein
aus der Unschuld der kindlichen Neugierde
in die Tiefe des menschlichen Strebens

Mit dir gereift zu sein
aus der unbändigen Kraft des Suchens
in das beglückende Gefühl der Gemeinsamkeit

Mit dir Früchte des Lebens zu ernten
aus dem Wunsch das Leben zu beschützen
in die Sicherheit das Leben zu erhalten

Mit dir zu leben
aus dem Gefühl einer tiefen Dankbarkeit
in die Ewigkeit um zu Staub zu werden

*Reinhard Lehmitz*

**Viel früher**

Der Mond entfernt sich
Die Erde wird trudeln
Klimachaos
Das Leben in Gefahr

Die Sonne brennt aus
Die Erde wird verschlungen
Untergang
Das Leben endet

Die Erde wird sterben
Ihr Ende wird kommen
Das dauert uns zu lange
Das Ende kommt viel früher

Durch den Menschen

*Reinhard Lehmitz*

**Einfach schön**

Oftmals überfällt uns
eine innere Zufriedenheit
über das was ist

Manchmal überfällt uns
eine innere Traurigkeit
über das was ist

So leben wir
unser Leben
von Überfall zu Überfall

Das Leben
ist gar nicht so einfach
aber es ist

einfach schön

*Reinhard Lehmitz*

**An einem Strande**

An einem Strande ganz weit oben
da lebte eine Stunde stundenlang
Schäfchenwolken kaum verschoben
vor´m Weiterzieh´n war ihnen bang

Die Haut empfing die Sonnenwärme
auch dort wo sie sonst verborgen ist
Auf ihr Gefühle ganze Schwärme
da blieb kein Stück was ungeküsst

Das Herz so spürbar da und offen
und jede Tür ließ den Eintritt zu
Der Augen Glanz vom Glück getroffen
nach innen sehen gehört auch dazu

Als Schatten sich vertraut vereinten
streichelte der Himmel Zärtlichkeit
und alle Lebenssinne meinten
dass Liebe verzaubert Lebenszeit

An einem Strande ganz weit oben
da lebte eine Stunde stundenlang
Schäfchenwolken kaum verschoben
vor´m Weiterzieh´n war ihnen bang

*Reinhard Lehmitz*

**Infit nicht gefragt?**

Outfit ist
in aller Munde
sogar der Duden
hat´s gesagt
Man hört kaum
so in der Runde
ob auch das
Infit ist gefragt

Schuld wird sein
der Große Duden
und nicht
die Lage der Nation
Schön wär es
wenn sie uns luden
zu einem Treff
der Redaktion

Steht Infit erst
in großen Lettern
unter dem "I"
fest eingeschrieben
hat keiner mehr
was rumzuwettern
und alle werden
Infit lieben

*Reinhard Lehmitz*

**Der rätselhafte Mensch**

Er ist wütend und entsetzt
die Lokalzeitung in der Hand
Gute Nacht Deutschland
schimpft er…

Da wird gemordet
vor der Haustür
Drei Straßen weiter
eine Vergewaltigung
Ein Ausländer wurde
zu Tode getreten
Fünf Jahre alt war das Opfer
kürzlich entführt

Er ist zufrieden und erwartungsvoll
ein Lieblingsgetränk auf dem Tisch
Es kommt ein spannender Krimi
freut er sich…

Da wird gemordet
vor der Haustür
Drei Straßen weiter
eine Vergewaltigung
Ein Ausländer wurde
zu Tode getreten
Fünf Jahre alt war das Opfer
kürzlich entführt

*Reinhard Lehmitz*

**Harlekine**

Du schreibst über Elend
über Hunger und Krieg
forderst den Frieden
und glaubst an den Sieg

Du erhebst die Stimme
mit all deiner Kraft
zeigst ein inniges Lächeln
wenn Gutes geschafft

So war es schon immer
auch vor hunderten Jahren
doch hat die Welt
einen Wandel erfahren?

Du denkst darüber nach
mit kritischer Miene
und kommst zu dem Schluss
wir sind Harlekine

*Ellen Philipp*

**Durchsage im ICE**

Es saß ein Gast im Bordbistro
und machte dort den Kellner froh.
Er ließ viel Geld und gute Worte
und aß ganz sicher ein Stück Torte.

Doch ach, was er dabei vergaß,
als er sein lecker Essen aß?
Die Zeit, sie ging so schnell vorbei
als er noch aß den süßen Brei.

Zu guter Letzt musst er sich eilen
und konnte nicht mehr lang verweilen,
lief schnell zu seinem Platz zurück
und hatte dann sehr großes Glück.

Der Schaffner rief durchs Mikrofon,
zweimal: „Ja, wissen Sie denn schon?
Ein Gast saß hier bei Speis und Trank
und was lag dann auf seiner Bank?

Den Fahrschein ließ er bei uns liegen!
Er kann ihn auch gern wieder kriegen.
Nur muss er schnell in Wagen neun
und sollte keine Mühe scheuen,

denn wenn er umsteigt nach Berlin,
- und da will er ja sicher hin -
dann fährt er schwarz und ohne Schein
und das könnt doch recht teuer sein!"

Und die Moral von der Geschicht´?
Vergiss dein Ticket lieber nicht!

*Ellen Philipp*

**Leuchtendes Herz**

Stelle mir vor, mein Herz könnte leuchten,
hell und warm verströmt es sein Licht.
Stelle mir vor, mein Herz könnte malen,
ein Meer voller Farben den Weg sich nun bricht.

Stelle mir vor, mein Herz könnte singen,
klar und rein mit zärtlichem Klang.
Stelle mir vor, mein Herz wäre mutig,
nichts und niemand macht ihm mehr bang.

Stelle mir vor, mein Herz könnte lachen,
glucksend und schallend voll Fröhlichkeit.
Stelle mir vor, es könnt alles machen,
bin für mein neues Dasein bereit.

Das eiserne Band hält's nicht mehr umschlungen,
gesprengt von Wärme, von Liebe und Glück.
So laut hat mein Herz noch nie gesungen!
In mein altes Leben gibt's kein Zurück!

Leuchte mein Herz und schlage voll Frieden!
Öffne dich, feire dich, gibt dich ganz hin!
Lange hab ich das Strahlen vermieden.
Jetzt bin ich Licht und mein Leben hat Sinn.

*Ellen Philipp*

**Mopsrolle**

Nein, den Mops, den mag ich nicht.
Kann Hunde gar nicht leiden.
So viele Falten im Gesicht.
Wer hat mehr von uns beiden?

Doch eines uns sehr wohl verbindet,
auch wenn man´s nicht gleich sieht.
´Ne Rolle um den Bauch sich windet.
Vom Schnitzel, das ich briet?

Ganz sicher kam´s von den Pralinen,
die gierig ich verschlungen.
Ich hatte noch so kurz zuvor
ein Loblied drauf gesungen.

So lecker sie auch für mich waren -
ich weiß wo sie jetzt liegen.
Ich kenne mich seit vielen Jahren
und brauch mich nicht erst wiegen.

Die Rolle über´m Hosenbund,
sie kneift und geht nicht weg.
Ach wäre ich nur so ein Hund,
wär sie am rechten Fleck.

*Ellen Philipp*

**Termin?**

So ein Mist! Es ist schon drei!
Geht die Zeit so schnell vorbei?
Hatte ich nicht ´nen Termin?
Wo ist der Kalender hin?

Eben lag er doch noch hier.
Was, wieso schon viertel vier?
Muss mir noch die Haare machen!
Packen meine sieben Sachen!

Und das Fahrrad - noch im Keller.
Mit ihm war ich auch mal schneller.
Ampel rot? Es kommt ja keiner.
Mein Termin ist sonst im Eimer!

Völlig fertig steh ich hier.
Wieso ist sie zu, die Tür?
Weil heut doch erst Dienstag ist?
Und nicht Mittwoch. So ein Mist!

*Ellen Philipp*

**Stein im Brett**

Ständig bin ich zu dir nett.
Hab wohl schon 'nen Stein im Brett?
Wie hab ich das nur gemacht?
Hab ja immerzu gelacht.

Aufgesetzte Heiterkeit
zieht das Lächeln allzu breit.
Bleibt wie angetackert kleben.
Nein! So komm ich nicht durchs Leben!

Freundlich sein nur als Fassade
sieht schnell aus wie Maskerade.
Lieber doch mal ernst, betreten,
traurig, ängstlich, mal erröten.

Find´st du mich dann doch noch nett,
ist mein Stein im richt´gen Brett.

*Veronika Troisch*

**Das Bröckeln der Zeit**

Umgeben von Riesen
Glas, Beton, Stahl
Verkünden den Fortschritt
Unser glänzendes Denkmal

Getriebe, die rattern
Ihre Arbeit machen
Besser, schneller, immer weiter
Donnern und Krachen

Eine Welt voller Größe
Gebaut auf Asphalt
Begeisterte Rufe
Doch wir verlieren den Halt

Gefangen, gefesselt
Voller Wissen, doch blind
Geblendet von Hochmut
Dass wir nicht seh'n, wer wir sind

Suchen nach Ruhe
Fern von dem Dröhnen
Sehnen nach Stille
Überhören das Stöhnen

Ohren zuhalten
Ich könnt' schreien und klagen
Wände einreißen
Und Scheiben zerschlagen

Doch lauscht man richtig
Und hört im Geschrei:
Knacken, Splittern, Fassadenbröckeln
Unsere Zeit geht vorbei

Zersplittert, zerbrochen
Unsere Rufe verhallen
Zu Asche und Staub
Unsere Spuren zerfallen


*Veronika Troisch*

**Erinnerungshauch**

Im einstigen Wald
Geh´ ich, such´ nach alten Spuren
Voll einsamer Freude
Ganz für mich

Geführt von Erinnerung
Über Splitter und Staub
Mein altes Leben
Nun verbranntes Laub

Die glücklichste Zeit
Damals als Kind
Mein sorgloses Lachen
Nur noch Rascheln im Wind

Auf der Suche nach Freiheit
Zwischen den Bäumen
Es bleiben Narben in Stamm
Von den einstigen Träumen

Vergangene Zeiten
Mein Wald ist gefällt
Was bleibt ist Erinnerung
An eine vergessene Welt

*Veronika Troisch*

**Nur ein Traum?**

Wände aus Schweigen
Erdrückende Stille
Mauern aus Lügen
Gebrochener Wille

Ich werde verfolgt
Von Schatten gejagt
Was soll es bedeuten?
Die Suche gewagt

Im Traum versteckt
Im Traum verborgen
Nur dort kann ich finden
Den Grund meiner Sorgen

Verlaufen, verirrt
In Misstrauen und Fragen
„Ist doch nur ein Traum"
Ihr ignoriertet mein Klagen

Es ist mein Geheimnis
Ich will es nicht zeigen
Werd´s niemals vergessen
Aber ewig verschweigen

Ein Traum der mich fesselt
Mich gefangen hält
Die Fassade bröckelt
Und die Maske fällt

Es kann uns zerstören
Ein Traum, eine Nacht
Die Wahrheit verwirren
Bis man nie mehr erwacht

Die Antwort gefunden
Die Suche vorbei
Nun kenn´ ich die Wahrheit:
Ohne Angst bin ich frei

Vergangene Zeiten
Nichts das mich hält
Erwacht, zerbrochen
Vergessene Welt


*Veronika Troisch*

**Meine schüchternen Träume**

Meine schüchternen Träume:
Im tiefsten Innern verborgen.
Naiv wie ein Kind.
Hinter Mauern aus Sorgen.

Schüchtern und scheu.
Bleiben versteckt.
Nur ganz selten
werden sie in mir geweckt.

Wenn ich allein bin,
mich niemand sieht,
dann kommen sie und schleichen sich
unmerklich in meinen Sinn.

Geträumt, geschrieben,
doch zerknüllt wie Papier.
Vergessen, gefunden,
und bleiben bei mir.

Sind ein unscheinbares Gefühl,
das mich unbemerkt führt,
Wie Wege im Nebel,
blind aufgespürt.

Doch wenn ich es bemerke:
Wie Schatten im Dunkeln.
Verblasst, erloschen,
schon ist es verschwunden.

Sind wie die Sehnsucht nach Frühling,
die im Winter warm hält.
Wie eine heimliche Flucht,
in eine bessere Welt.

Meine schüchternen Träume:
Sind wie leitende Hände.
Von Freiheit, Liebe,
und einem glücklichen Ende.

*Erika Maaßen*

Geschwätzige Nacht
füllt leere
weiße Blätter
mit Wortfetzen
bis zum Morgengrauen

Blätter
gefüllt
geordnet
beschnitten
Wort für Wort
dicht und dichter

Geburt
eines Gedichts


*Erika Maaßen*

Meine Augen streicheln dich
glätten die Spuren der Jahre
streifen scheu deine Lippen
und erinnern sich
suchen deinen Blick
und vergessen die Zeit

*Erika Maaßen*

Wir Menschen treiben im Strom der Zeiten
Plagen heute uns ab und immerdar
Nehmen das Gute des Lebens kaum war
Stunden wie Taue durch Hände gleiten

Stranden an Ufern die längst verlassen
Streben nach unbezwingbaren Fernen
Greifen nach unerreichbaren Sternen
Können wünschen und sehnen nicht lassen

Besiegen so manche tückische Drift
Gefährliche Klippen tollkühn umschifft
Hasten von jedem Ankerplatz weiter

Werden wir einst den Hafen erkennen
Vermögen wir ihn beim Namen nennen
Der endlich zur Ruhe und Heimat wird

*Erika Maaßen*

**Verlassene Dörfer trauern**

Keine Menschenseele zwischen Mauern.
Leere Höhlen starren.
Aus toten Augen rinnen Tränen.
Sturm zerrt an losen Läden,
will zerstören.
Pfeift in Moll durch Räume
Choräle vom Tod.
Zerzaust der Dächer Schilf.
Es richtet sich verwirrt auf
vom First im derben Wind.
Rottet sich zusammen
mit Abdeckungen benachbarter Ruinen.
Bereit zum Abflug.
Flucht in fernes Land, in Freiheit.
Noch leben vereinzelt Ratten
mit Hoffnung auf Beute,
während morsche Balken
schon Abschiedslieder knarren.
Ausharren müssen alte Mauern.
Doch auch sie zeigen erste Risse.
Dem Untergang überlassen.

*Erika Maaßen*

Sittichen gleich meine Ängste
Flattern hier hin dort hin
Schnarrend stören sie mein Leben
Wie Zauberlehrlinge stehn sie auf

Ziele auf ihr böses Herz
Hier soll mein Leben sein
Frei und ungestört
Ihres dort

Wo schwarze Vögel hausen
Trägt mich ein Echo zwischen Mauern hoch
Vom Horizont winken
Regenbogenfarbene Gewänder
Umflattern mich

Kreischend fliegen sie fort
Die dunkle Trauer
Die Todesträume
Das Schattenland

Doch heimatgebunden
Umkreisen mich
Sittichen gleich meine Ängste

*Erika Maaßen*

Kurz vor dem Regen
Der nicht kommt
Besucht mich ein Gast
Der lang schon tot

Er hält in dem Arm
Einen welken Strauß
Mit Wurzeln
Die nie ausgetrieben

Augen starren mich an
Die stets mich gemieden
Er spricht mit mir
Der sonst immer stumm

Aus ernstem Mund
Ein Lachen so irr
Sein Atem sanft
wie Höllenketten

Schwefelgeruch
Aus dem Rosenstrauß
Sink tot zu Boden
Ich die nie gelebt

*Erika Maaßen*

Stell die Musik leiser,
dreh den Korken in die Flasche.
das Fenster, bitt ich dich, lass offen.
Vielleicht verweht mich ein Wind.

Dreh den Korken in die Flasche,
will meiner Sinne sicher sein.
Vielleicht verweht mich ein Wind.
Will nicht hier drin ersticken.

Will meiner Sinne sicher sein,
auf meiner Flucht vor dir.
Will nicht hier drin ersticken,
im Nebel deiner Ehrbarkeit.

Auf meiner Flucht vor dir,
ein Lockruf wird mich begleiten.
Im Nebel deiner Ehrbarkeit
lockt mich der Vögel leichter Flug.

Ein Lockruf wird mich begleiten.
Spür Sehnsucht, die ich fast verlor.
Mich lockt der Vögel leichter Flug,
will wieder fühlen Lust und Leid.

Spür Sehnsucht, die ich fast verlor,
im Käfig deiner Biederkeit.
Will wieder fühlen Lust und Leid.
Mich lockt der Vögel Leichtigkeit

Im Käfig deiner Biederkeit
Stell die Musik leiser
Mich lockt der Vögel Leichtigkeit.
Das Fenster, bitt ich dich, lass offen.

*Erika Maaßen*

**Freundschaftsdienst**

Frei wie ein Vogel will ich sein,
ich steig in höchste Lüfte.
Die Welt da unten wirkt ganz klein,
umwehen mich nur Düfte.

Die Wohnung bau ich im Geäst,
dort trillere ich Lieder.
Wer mir missfällt, fliegt aus dem Nest,
so wird schnell Frieden wieder.

Mir Nahrung gibt der liebe Gott,
brauch sie nur aufzupicken.
Hab ich kein Geld und bin bankrott,
es würde mich nicht zwicken.

Den Kleiderzwang wär ich auch los,
brauch nicht Korsett und Mieder.
Ich pflege mein Gefieder bloß,
die Mauser schenkt ein neues wieder.

Doch meine Freundin schmunzelt nur,
holt schnell mich von dem hohen Ross
„Entschuldige, mit der Figur
wärst du bestimmt ein Albatros."

*Erika Maaßen*

Blue Moon, my Cat, spürst du die Lust?
Komm schnell zu mir, vergiss den Frust.

Du bist my Heart, bist my Dear.
Siehst du die Mouse, ich schenk sie dir.

Ich will nicht Milk, nicht Bratenrest.
Mein Bett ist kalt, komm halt mich fest.

Close schnell die Door, leg Fell an Fell.
Genieß die Nacht, bald wird es hell.

Kein Fremder soll in mein Revier.
Ich hab dich lieb, du Katzentier.

Schnurr nicht zu laut, mach nicht so´n Krach,
sonst müssen wir hinaus auf´s Dach.


*Erika Maaßen*

Fledermaus, du hängst kopfüber,
jagst den Fraß im Dunkel lieber.
Du siehst die Welt von dort verkehrt,
hast mich so Toleranz gelehrt.

Ich gehe aufrecht durch mein Sein,
nehm Nahrung stets bei Tage ein.
Gut lebt ein jeder, wie er´s kann,
es kommt nur auf den Standpunkt an.

*Erika Maaßen*

**Frühlingserwachen**

Bläschen perlen in dem Wasser,
Wellen spielen mit Sonnenlicht.
Von dem Grunde taucht ein nasser
Frosch: küss ich ihn, küss ich ihn nicht?

Könnt die ganze Welt umarmen,
flatternd pocht das Herz mir in der Brust.
Lieg im Gras, dem weichen, warmen,
schlaf ein, vergess den Frosch und meine Lust.


*Erika Maaßen*

Die Blätter leuchten in warmen Farben,
wollen das Abschiednehmen vergolden.
Genauso versteck ich meine Narben
unter einem Frühlingskleid im Herbst.

Traumhafte Liebe im letzten Frühling.
Ist ein Sandkorn schuld, dass ich nun weine,
oder schmerzt das unselige Ding
das zerbrach, als mein Liebster mich verließ?

Die sinkende Sonne kost Abenddunst,
Wildgänse versammeln sich zum Flug.
Nur ich, das Opfer deiner Zauberkunst,
bleib allein zurück, weiß nicht wohin.

*Erika Maaßen*

**Sommer ist's**

Es lechzt nach meinem süßen Blut
die Mücke in der schwülen Nacht,
sirrt um mein Ohr voll Liebesglut,
sie hat mich um den Schlaf gebracht.
      Sommer ist's.

Kaum zeigt sich erstes Morgenrot,
schon zanken Raben und ein Spatz,
um ein paar Krümel altes Brot
und um den besten Aussichtsplatz.
      Sommer ist's.

Jetzt tät ein frisches Bad mir gut,
da finde ich im Badezimmer,
handtellergroß und dick behaart,
'ne Spinne, ich ertrag's bald nimmer.
      Sommer ist's.

Im Schlüpfer auf der Wäscheleine
verirrte sich in dunkler Nacht
ein schwarzer Falter, fast hätte er
mich um den Rest Verstand gebracht.
      Sommer ist's.

Beim Frühstück liegt auf meinem Brot
unbeweglich eine Biene.
Doch war sie noch nicht mausetot.
Bienenstichs Folge: Leidensmiene.
      Sommer ist's.

Auf Kriegspfad tausend Ameisen,
zu welchem Ziel auch immer,
quer durch meine Küche reisen,
erste Rast – mein Speisezimmer.
      Sommer ist's.

Frösche quaken um die Wette,
Libellen tanzen um den See.
Ich lieg allein in meinem Bette,
vor Sehnsucht tut das Herz mir weh.
      Sommer ist´s.

Läuse fressen meine Rosen
sie lassen schon die Köpfe hängen
Schnaken stören mich beim Kosen
sich zwischen meine Lippen drängen.
      Sommer ist´s.

Es kriecht auf meinem bloßen Leib
der Käfer Fritz, er will nach Süden.
Er sucht nach einem kessen Weib,
er hat genug von braven, prüden.
      Sommer ist´s.

In meinem hübschen Schottenkilt,
ist ein fast Euro-großes Leck.
Der Motte Hunger ist gestillt,
ich hielts zuerst für einen Fleck.
      Sommer ist´s.

Meine Küche ist nicht reinlich,
das Heer der Schaben freut sich sehr.
Mir ist das alles etwas peinlich,
jetzt muss der Kammerjäger her.
      Sommer ist´s.

Mehlwurm heißt dieses bleiche Tier,
es wühlt in meinem Roggenschrot.
Ich meinen Appetit verlier
und esse nie mehr Körnerbrot.
      Sommer ist´s.

Auf meinem Bett kriecht eine Assel.
Ihr Wunsch, ich leihe ihr mein Ohr.
Doch fürchte ich dann das Gerassel,
es käme mir zu grauslich vor.
          Sommer ist`s.

Raupen meine Blumen fressen
die ich von Läusen just befreit,
Schnecken, vom Salat besessen:
Herbst, wann ist endlich deine Zeit!
          Doch Sommer ist´s.

*Erika Maaßen*

kleine Fischlein
die schwimmen durch den Teich
das eine sieht 'nen flotten Hecht
und wird gleich butterweich

kleine Fischlein
die gleiten durch die See
das eine treibt ins Fischernetz
und fort ist es, oh je

kleine Fischlein
die liegen still am Grund
da kommt ein Riesen-Tintenfisch
schlürft eins in seinen Schlund

kleine Fischlein
die gleiten durch das Nass
es nähert sich ein Fischersmann
steckt eines in sein Fass

kleine Fischlein
sind wenig noch als Schwarm
eins endet leider in der Pfann'
denn dort ist es zu warm

kleine Fischlein
die paddeln immer rund
bis schnapp! ein dunkles Loch geht auf
es ist ein Maul vom Hund

kleine Fischlein
froh schwimmen sie durchs Meer,
da kommt ein Stein von oben her,
schwups! ist's eines weniger

kleine Fischlein
die spielen: fang mich doch
und flutsch! welch ein großer Schreck
eins hängt im Abflussloch

kleines Fischlein
ist endlich jetzt allein
spielt mit sich selbst ganz stillvergnügt
fang ein den Sonnenschein


*Erika Maaßen*

Frosch bring mir bei zu quaken.
Ich zeige dir wie man Gedichte liest.
Bring mir bei auf einer Seerose zu sitzen.
Ich zeige dir wie man dichtet.
Gib mir deine lange Zunge.
Ich leihe dir meine Finger.
Zeige mir zu tauchen.
Ich füttere dich mit Mücken.
Gib mir dein breites Maul.
Ich verrate dir meine Lieblingsmelodien.
Frosch gib mir dein Seerosenblatt.
Ich gebe dir meinen Fischteich.

*Erika Maaßen*

**Wo ist mein Froschkönig?**

Wen soll ich nur von allen küssen?
Sich zu entscheiden fällt so schwer.
Wenn´s zu spät ist werd ich´s wissen,
schlau ist man immer hinterher.

Und küsse ich dann endlich jemand,
und er bleibt trotzdem ein Frosch,
klatsch ich ihn wütend an die Wand:
auch Knallfrosch ist und bleibt ein Frosch.

Geh ich im Wald so für mich hin
guckt aus dem Laub so lieb mich an
ein Laubfrosch. Mir geht durch den Sinn,
küss ihn, auch er wird nie zum Mann.

Die Welt um mich herum wird trüber
die Sonne längst für mich erlosch.
Ich geh nach Haus, denk mir ist lieber
im Fernsehen der Wetterfrosch.

*Erika Maaßen*

**Lockruf der Nachtigall**

Hör den süßen Gesang der Nachtigall
länger werden nun endlich die Tage
und immer wieder die bange Frage
ist Liebe nur wie ein Sternschnuppenfall

Kaum taucht sie auf ist sie schon entschwunden
Glühen Lodern Versinken Vergessen
zurück bleibt nur Leid und unterdessen
trüb diese Zeit - du leckst deine Wunden

Sei nicht so verzagt vielleicht kommt der Tag
und du siehst einen neuen Sternenfall
Erfreut dich mit flüchtigem kleinem Glück

Wenn dir auch endlos die Nacht scheinen mag
Lausche nur der Stimme der Nachtigall
Sie bringt dir in Träumen Liebe zurück

*Erika Maaßen*

**Ballade vom Mond**

Der volle Mond hat in der Nacht
schon wieder ihren Schlaf geraubt.
Die Sorgen luden schwere Fracht
auf ihre Brust und auf ihr Haupt.
Und immer dieses gleiche Spiel:
der Mond wird schmal,
dann ist er fort.

Ruhlos, kaum geht das Sonnenlicht,
verfolgt ihr Blick den bleichen Mond.
Wenn grinsend er ins Zimmer blickt,
das Augenschließen sich nicht lohnt.
Und immer dieses gleiche Spiel:
der Mond wird schmal,
dann ist er fort.

Und wieder eine Vollmondnacht
Schatten jagen übern Himmel,
bläst ein Sturm mit wilder Macht
klagt der Totenglock´ Gebimmel.
Und immer dieses gleiche Spiel:
der Mond wird schmal,
dann ist er fort.

Angst hat sich um ihr Herz gekrallt
wenn abends sie den Mond erblickt,
tausender Vögel Schrei erschallt,
ohnmächtig sie zusammenknickt.
Und immer dieses gleiche Spiel:
der Mond wird schmal,
dann ist er fort.

Vor Angst ganz irre ist sie schon
als der Mond sich wieder rundet
Sie lehnt sich vor auf dem Balkon,

der Vögel Schwarm ihr Herz verwundet.
Und immer dieses gleiche Spiel:
der Mond wird schmal,
dann ist er fort.

Dann kommt die Nacht: Auf Mondes Strahl
flattern Raben in ihr Zimmer,
krallen sie, es bleibt ihr keine Wahl,
nehmen sie mit. Man sah sie nimmer.
Auch jetzt noch dieses gleiche Spiel:
der Mond wird schmal,
dann ist er fort.


*Erika Maaßen*

**Diebstahl**

Ich sah ihn an und wusste nicht,
wie kann ich es ihm schonend sagen.
Wie soll ich ihn, wie's meine Pflicht,
nach dem, was wichtig mir, befragen?

Ich grüble hin und grüble her
und weiß mir dennoch keinen Rat.
Denn lieben kann ich ihn nicht mehr,
weil er mich bös bestohlen hat.

Beschimpf ihn nur: „Du feiger Hund,
wo hast du meine Leberwurst!"
Es schluckt und würgt in seinem Schlund,
die Augen betteln: Ich hab Durst.

„Soll ich dir einmal noch verzeihn?
Komm her und reich mir eine Pfote.
Kann dir nicht richtig böse sein.
Komm auf die Couch, die weiche, rote."

*Erika Maaßen*

Ein lauer Wind streift meine nackten Arme,
zerwuselt mir das eben erst gekämmte Haar.
Ich atme tief, von Blüten trunken, warme
Düfte ein, nach langem Winter wunderbar.

Lausche erfreut der Amsel Liebeslieder,
der Elstern krächzen kann dabei nicht stören,
von einer Hecke weht ein Hauch von Flieder,
aus Nachbars Teich ist ein Frosch zu hören.

Vergesse, dass mein Haar schon silberweiß,
Beine oft nicht mehr so wollen wie ich will,
mir mein Leben manchmal etwas mühsam scheint.

Dankbar, den Frühling noch zu schätzen weiß.
spür ihn mit allen Sinnen. Denke an dich still,
hoffe, niemand merkt, wenn man heimlich weint.


*Erika Maaßen*

Im Traum
den Fluss entlang
ging immer diesen Weg

Verlasse ihn
landeinwärts
mein Blick

Sende ein Licht
himmelwärts
grüßend hin zu dir
nicht ahnend
du bist neben mir

*Erika Maaßen*

Sammelte Blätter
unbeschrieben
für dich
Herbstblätter
warmfarben
bereit für
Herbstgedanken
voll
Sommersonnenwärme
und doch
dazwischen
Leere
Melancholie


*Erika Maaßen*

Ich dichte
also bin ich
lerne mich kennen
erschrecke
verschleiere mich
damit ich von anderen
nicht erkannt werde
gehe Schritt für Schritt
durch dichtes Unterholz
bis Schleier
im Dickicht verfangen
mich bloßstellen
ich schäme mich
bin voller Wunden und Narben

*Erika Maaßen*

**Super-lative**

Gedanken sind frei
meine sind freier
die Freiesten
von allen
die ich hatte
losgelassen
die Losgelassensten

Öffne
im Dunkel meines Denkens
ein Fenster und hui!
sind sie frei
vogelfrei
meine dunkelsten Gedanken
hell wird mir
von allen
die ich kenne
bin ich die Hellste
bin erleuchtet
bin die Erleuchtetste

*Erika Maaßen*

Draußen keine weißen Flocken
leichter Wind die Blüten streift
Vögel in den Zweigen hocken
in Hecken letzte Beere reift

Sinnend wir nach oben schauen
Würstchen brutzeln auf dem Grill
Sterne in dem dunkelblauen
Himmel stehn wir träumen still

Unser Hund zu unsren Füßen
knurrt ganz leise wie im Traum
werden bald das Christkind grüßen
Weihnacht naht man glaubt es kaum


*Erika Maaßen*

**Auf dem Weg zu dir**
überwindet erinnern an dich
Trauer und Schmerz
um dem Jetzt
zu begegnen

Auf dem Hügel
bedeckt
mit künstlichen Blüten
und Zweigen
steht
als letzter Gruß
das einzig Lebendige
mein blutroter Weihnachtsstern

*Erika Maaßen*

Töne
perlen
leicht
hüpfen
abwärts
über Stufen
treffen sich
vereinen sich
werden mächtig
Kaskaden bildend
ziehen weiter
finden Ruhe
und ich
am Ufer
auch


*Erika Maaßen*

Mondhelle Nacht
Januarkälte

Kahle Bäume
recken Arme
voll schlaftrunkner Vögel
zum Himmel

Ich schau nach oben
und frage
siehst du das auch?

*Erika Maaßen*

Könnt ich singen
du mein Liebster
Könnt ich malen
sehnend Herz
Könnt ich dichten
wie ich liebe
Könnt vergessen
meinen Schmerz


*Erika Maaßen*

Ich werd jung sein mit des Wassers Jugend
das fließt und fließt ohne zu ermüden
kein Hindernis kennt, stets Wege findet

Werde erst unbeweglich sein und alt
wenn mein Geist lahmt, ich nicht mehr lieben kann
ich nicht teilnehm, an dem, was geboren

Mich nicht freuen kann am Wachsen, Blühen
wenn mein Hoffen niemals mehr Samen trägt
Erst dann wird mein Leben zu Ende gehn

*Erika Maaßen*

War nicht
gestern erst Frühling
das Leben voller Hoffnung?

In der Glut des Sommers
vergisst man
dass die Zeit nicht verweilt
verfehlt fast den Herbst
während sich schon Raureif
auf die Zukunft legt


*Erika Maaßen*

Ich bin ein Mensch
ein Augenwesen
brauche das Bild
wie ein Säugling
der Mutter Brust

Besser als tausend Worte
ist mir ein Bild
lese in ihm
das Unaussprechliche
es lässt der Fantasie Raum
im Hintergrund
ahnt man im Schatten
das Unsichtbare
das Gänsehaut
über meinen Rücken jagt
zeigt mir aber auch
den Weg zur Liebe

*Erika Maaßen*

**Gebrauchsinformation**

Nehme Gedanken
      prall voll Überfluss
Nehme ein Ohr
      voll Amsellieder
Nehme zwei Augen
      voll Blütenzauber
Nehme eine Nase
      voll Frühlingsduft
Nehme den Mund
      voll süßsaurer Beeren
Füge alles zusammen
      im Sonnenschein
So entsteht
      ein Frühlingsgedicht

*Irmgard Woitas-Ern*

**Über Tisch und Stühle**

Mann, was ist das ein Gewühle!
Springen über Tisch und Stühle!
Welch ein infernalisches Geschrei!
Dabei sind's nur Kinder – drei!

„Unfair! Karlchen hat mehr bekommen!"
„Mamaaa! Sie hat es sich genommen!"
„Du blöde Kuh! Du kriegst nix mehr!"
So geht die Zanke hin und her.

Indianergeheul. Die Mama lacht.
„Habt ihr denn euer Bett gemacht?"
Piepsleise trippeln sie treppan.
Und schmulen ihre Mama an.


*Irmgard Woitas-Ern*

**Konfektionsgröße M**

Hallo Leute kennt ihr das auch?
Ein jeder trägt für sich den Bauch,
Im Volksmund auch „Hüftgold" genannt.
(Ist allen gleichsam wohl bekannt.)

Wenn's ins Bekleidungsgeschäft nun geht,
Da merkt man woher der Wind nun weht.
„Kleidergröße M passt zu mir"
So oder ähnlich denkst du dir.

In der Praxis sieht das anders aus.
Du trägst deine Tüten stolz nach Haus.
Am Bauch zu eng, am Po zu weit:
Das Ende der Behaglichkeit.

*Irmgard Woitas-Ern*

**Der Chef im Haus**

Hab' mal kurz den Vorhang abgerissen
Und den Toaster umgeschmissen.
Nur noch auf den Kuchen setzen,
An der Couch die Krallen wetzen,
Das sind meine Pflichten hier im Haus.

Schnell noch mein Geschäftchen machen.
Danach sinne ich auf neue Sachen,
Wie zum Beispiel Kissen pflücken
Oder vielleicht Blumen rücken.
Damit kenne ich mich bestens aus.

In allem kreativ, ein Unikum!
Denn so geht Dein Tag rasch um.
Formuliere es in einem Satz:
Bin ich nicht ein lieber Katz?
Ja, ich bin der Chef im Haus.


*Irmgard Woitas-Ern*

**Bengelchen**

Kleine Kinder träumen leise,
Hör'n im Schlaf die süße Weise,
Sind beschützt von einem Engelchen
Und sind selber kleine Bengelchen.

*Irmgard Woitas-Ern*

**Katzen und Mäuse**

Wer Katzen hat, der hat auch Mäuse.
Die schleppen wir dir ins Gehäuse.
Diesen lust'gen Fusselknilchen
Steht der Sinn nach kleinen Spielchen.

Für Kurzweil ist gesorgt.
Die Maus ist gern geborgt.
In der frischen Wäsche ist Bewegung!
Nein, was für eine Aufregung!

Das hält dich ordentlich auf Trab.
Da beißt die Maus den Faden ab.
Denn wo einer Katzen hat,
Da wird auch die Maus noch satt.


*Irmgard Woitas-Ern*

**Fleischfressende Pflanzen**

Warum denn aus der Rolle fallen?
Kommt nur her, ich zeig's euch allen:

Wie man mit einem Lächeln Freundschaft schließt
Und anschließend seine Blümchen gießt.

*Irmgard Woitas-Ern*

**Mielchenmanns Geschichte**

Ich bin der kleine Mielchenmann.
Kommt, hört euch die Geschichte an
Von einem weißen Wuschelkatz
Auf seinem Lieblingskuschelplatz.

Ach nee, was ist das fad!
Ich überrasch Papa im Bad!
Wie? Der planscht alleine?
Wart! Dir mach ich Beine!

Mach mir sofort die Türe auf!
Vorher hör ich nicht zu maunzen auf!
Oh! Was schäumt denn da so schön?
Das will ich mir doch mal besehn!

Upps! Das ist aber Nass!
He! Das macht keinen Spaß!
Hatschi! Schaumflocke auf Nase juckt.
Nasses Pfötchen schüttelt und zuckt.

Was sehen meine blauen Äugelein?
Leckerchen? Ja, das ist fein!
Was läufst du weg? Nun gib doch her!
Ach? In der Küche gibt's noch mehr?

*Irmgard Woitas-Ern*

**Schrumpfgermane**

Hör mal zu, du Schrumpfgermane!
Wach endlich auf aus deinem Trane!
Wenn du was zu sagen hast,
Dann tu nicht so, als wärst du Gast!
Hau endlich auf den Tisch
Und sag: „Ich esse keinen Fisch!"

Warum wohnt Schwiegermonster hier?
Jetzt guck nicht wieder in dein Bier!
Ich hab sie nicht eingeladen!
Schick sie zurück nach Baden-Baden!
Sei endlich für deine Kinder da!
Bist ein schönes Vorbild als Papa!


*Irmgard Woitas-Ern*

**Taktisches Lächeln**

Man kann nicht stets den Willen
Der Anderen erfüllen.
Die eigne Meinung kundzutun ist schwer.
Eine zu haben nicht so sehr.

Ohne Belehrung Dummheit zu begegnen?
Da kann es eher in der Wüste regnen.
Seid nicht gleich aus auf Streit.
Es geht auch mit Gemütlichkeit.

Wie man das erreichen kann?
Nun hört es euch mal an:
Ich lächle einfach still
Und mache trotzdem was ich will.

*Irmgard Woitas-Ern*

**Vielmäusler**

Wenn eine Katze Mäuse hat,
Dann machen Mäuse meistens satt.
Wenn ein Mensch viel Geld (sprich Mäuse) hat,
Dann ist ihm meist das Leben öd und fad.

Er weiß nichts mit sich anzufangen.
Das Lachen ist ihm auch vergangen.
Falsche Freunde werden angezogen
Und der Vielmäusler geschickt betrogen.

Die Katze hat jedoch viel Spaß
Und tollt herum in grünen Gras.
Die Mäuse laufen fiepend weg.
Die Katze lacht und liegt im Dreck.


*Irmgard Woitas-Ern*

**Umtausch ausgeschlossen**

Hat man fremde Kinder zu Besuch
Liest man gerne vor aus einem Buch
Oder spielt gar lustige Spiele
Da gibt es Geschrei und Gewühle.

Hat man dann all dies satt,
Kann man dann an dessen Statt
Die lieben Kleinen eben
Einfach wieder abgeben.

Wenn man erst eigene Kinder hat,
Ja dann wendet sich das Blatt.
Die Kleinen und die Großen
Sind vom Umtausch ausgeschlossen.

*Kai Schwarz*

**Das Kapital im XXI. Jahrhundert**

Du hast mir den Job genommen
Mein Haus und meine Träume
Meine Zukunft ist zerronnen
Mein Platz und meine Räume.
Ich habe nichts zu fressen
Und du wirst immer dicker
Kritik gilt als vermessen
Dein Chic wird immer schicker.
Die Globalisiererei
Sagst du, wird's richten,
Man muss nur warten.
Derweil bin ich dabei
Auf Minijobber-Schichten
In Deinem Garten.

*Kai Schwarz*

**Verkrachte Zauberer**

Bewusstsein hat sich stets erweitert,
Lehren wurden angehäuft;
Wir wissen, wie Geschichte läuft,
Doch als Zauberer sind wir gescheitert.

Der Frieden wird vergehen:
Haben wir ihn bloß gesucht,
Damit er uns verflucht
Und wir ihn sterben sehen?

Die Werte sind verkommen,
Im Finstern heimlich abgelegt;
Der greise Hauswart fegt,
Die Perspektive ist verschwommen.

Im Falle eines Falles
Wird keiner es gewesen sein
Und dann kehrt Ruhe ein:
Es bedeutet nichts ... und alles ...

*Hans-Werner Kiefer*

**Eins und Eins**

Schule ist blöd, Schule ist toll.
Mutter bringt mich, die Anstalt ist voll.
Freigang nur an Ferientagen,
in zehn Jahren soll ich alles verbüßt haben.

Eins und Eins sind Zwei.
Schnell gelernt, ich bin dabei.

Wie viel sind Elf und Zwei?
Jetzt wird es ernst, ohwei, ohwei.
Mein Nachbar flüstert, es sei ihm geglückt,
dreizehn ist richtig, ich werde verrückt.

Dämlich mit oder ohne h?
Meine Nachbarin schreit, man bist du dämlich,
ohne h, ist doch kla.
Klar mit r, wie na klar, oder so ähnlich?

Schule beendet, Abi bestanden.
Auf nach Mallorca,
zu den Trinkeimern der Anderen.

Nun bin ich Banker, von Ehrgeiz besetzt.
Viel Geld und Zinsen verwalte ich jetzt,
eigene Regeln machtbewusst festgesetzt.

Schnell gelernt, ich bin dabei.
Eins und Eins sind für mich jetzt Drei.

*Hans-Werner Kiefer*

**Deine Uhr**

Poesie im Hintergrund, die Weite unserer Sinne öffnet sich.
Frieden liegt in der Luft, ich liebe dich.

Du hältst mich fest und teilst mit mir lyrische Gedanken.
Deine Gefühle für mich
lassen Lebenswurzeln in unsere Zukunft ranken.

Wir lesen Hölderlin und Rilke, reden über Gott und die Welt,
wir ahnen nicht, Blei und Gas sind längst bestellt.

Es öffnet sich gegen uns
der braune Hintergrund einer tödlichen Liebe.
„SS-Mann, deine Ehre heißt Treue",
Verführung wegen faschistischer Ziele.

Die Führerliebe der Volkskomplizen ist grenzenlos,
die Rufe nach Vernichtung und Endlösung machen fassungslos.
Vergaste Juden sind atemlos.

Der braune Mob hat sich zum Hitlergruß aufgestellt,
unsere Lebensuhr wird mit einer Armhebung
auf Ablauf eingestellt.

Das Leuchtfeuer unserer Liebe hinterlässt einen letzten Blitz,
im brennenden Gasofen von Auschwitz.

Halte deine Uhr selbst in der Hand,
lasse sie niemals von anderen tragen,
wenn Ewiggestrige dein Leben bestimmen,
hört sie auf zu schlagen.

*Hans-Werner Kiefer*

**Nur ein kurzer Hauch des Lebens**

Ich sehe militante Glaubenskriege,
Vergebung wird es nicht geben.
Eine neue Sinnflut wird kommen,
nur neue Gedanken werden überleben.

Gläubig oder ungläubig, frei oder unfrei,
das Ungleichgewicht wird alles vernichten.
Die religiöse Ideologie als Waffe,
entlade ich mit meinen Gedichten.

Auf Anerkennung warten die Ideologen vergebens,
ihre Existenz ist nur ein kurzer Hauch des Lebens.

*Hans-Werner Kiefer*

**Celans Mutter**

Der Tau des Morgens weckt mich,
versunken noch in seelentiefen Stunden,
die Geräusche deines Zuges überhört,
dein Schweigen schlägt mir tiefe Wunden.

Meine Nähe zu dir habe ich mit meiner Flucht beendet,
ach Mutter, habe ich dich in den Tod gesendet?

Ein Fluch der Schuld hat Gevatter Tod ernährt,
der mir im Dunkel des Todes Einlass gewährt.

In Michailowka,
wo du im Zeitloch hinüberschläfst in die Unendlichkeit,
schreibe ich unsere Namen auf das Tor der Ewigkeit.

Findet mein sickerndes Blut die Quelle voneinander,
unsere Wurzeln umarmen bald einander.

*Hans-Werner Kiefer*

**Celans Himmel über Paris**

Ich sitze am Ufer der Seine,
schreibe Diktate meiner Gedanken,
eingeengt durch innere Freiheitsschranken.

Die Engel sind stumm geworden, ist dies dein Wille?,
zeigst du mir deshalb am Himmel das Leuchten der Stille?

Meine Eltern wurden ermordet,
meine Sprachen mit tödlichen Giften besprüht.
Der Tod ist eine wunderschöne Blume, die nur einmal blüht.

Die Ewiggestrigen fühlen sich im Gleichklang der Worte wohl,
unsere Fundamente sind wieder gefährlich hohl.

Gesellschaftliche Haltepunkte sind glatt geworden,
sodass ich abrutschen muss,
tief in die Seine, meinen letzten Heimatfluss.

Meine Narben
können Körper und Seele nicht mehr zusammenhalten,
der Tod wird nun doch seine Ernte erhalten.

Gott öffnet den Himmel über Paris
und beendet meine Lebenszeit.
Ich bin leider nur ein Augenblick aus Ewigkeit.

*Hans-Werner Kiefer*

**Meine Seele braucht Licht**

Die Ruhe der späten Abendstunde
verleitet zur Melancholie.
Mit der Suche nach dem Schönen,
beginnt die verblühende Melodie.

Auf dem Rastplatz meiner Gedanken
überholen sich Gefühle, Emotionen und Ideen.
Sie alle fahren zu den Sehnsüchten,
um den Albtraum der Nacht zu verstehen.

Die melancholisch verblühenden Geräusche
sind wie eine wunderschöne Blume,
die nur einmal blüht.
Ähnlich wie das Schicksal meines Volkes,
das in die Ewigkeit hinein für immer verglüht?

Ich suche Wege, die zum Frieden führen.
Es sind viele Wunden zu heilen,
die meine Seele berühren.

Diese Wege gehe ich mit Zuversicht.
Ich verdränge das Dunkel,
meine Seele braucht Licht.

*Ilona Daniela Weigel*

**Der letzte Mensch**

Du letzte Sonne, rot wie Wunden
Hier im Schattenland
Wirst von den Seilen losgebunden
Weil der Tod dich rief
Stürzt du aus deiner Himmelshand
Fällst tausend Täler tief

Du letzter Vogel, weiß wie Kreide
Engel und der Mond
Sing nun dein letztes Lied und leide
Ach wie wirst du leis
Wirst deiner Liederpracht entthront
Es schließt sich nun der Kreis

Du letzter Mensch auf dieser Erde
Sag: Wo gehst du hin?
In Dunkelheit und Eis, ich werde
Wie ein Abschiedsgruß
So bleich und kalt, denn ohne Sinn
Ist dieser letzte Gang

Der letzte Schritt mit schwerem Fuß
Der Welten End entlang

*Ilona Daniela Weigel*

Der Mond taucht ins Meer
Die schwarze Tiefe öffnet
Sich silbernem Glanz


*Ilona Daniela Weigel*

**Die Haut des Spiegels**

Ein zerspaltenes Ich blickt mich an
Im Auge beginnt der Sprung
Teilt Braue und Stirn fließt
Durch Mund und Hals obwohl
Die Haut des Spiegels
Keine Risse trägt

*Renate Maria Weissteiner*

**Begrenztes Mittelmaß**

Dionysos, Psyche, Amor und Venus
tanzen um uns den Reigen,

flechten aus Sinnestaumel
ein Band am Freudenglanze

tiefblauer Flur
unseres Seins.

Das Füllhorn aus Wärme, Wonne,
Lust und tagtäglichen Kose-Neckereien

schüttet Eros über uns -
maßloses Glück beider Augen Blicke.

Als ein Herz und eine Seele
im Wandel fürchten wir

das Ausmaß nicht im Gelebten
und im Rückhall des Vergänglichen.

*Renate Maria Weissteiner*

**unbeständig, etabliert**

Es fällt und steigt in dem wachsenden Jahr dir,
des Lebens goldner Überfluss: Du schwelgst,

holst aus, nimmst dich zurück, richtest dich auf
vor den Geschicken der Mächte höheren Seins.

Es nimmt nicht Wunder;
ob Tages-, Lebens- oder Jahreszeit:
Stets formen der Gezeiten Lebenswandel

deine dir angestammte Mitte, kehren ein
mit den Kräften und Gaben deiner Endlichkeit
schütten auf, legen frei deine Muster am Grund.

*Dietrich Lange*

**Erinnerung**

Das Meer war leer, der Strand so weit.
Ich wanderte alleine –
nur Muscheln, Sand und Einsamkeit,
die See umspülte meine Beine.
Durch Wind und Möwenschrei her drang
Geruch von Salz und Tang und Teer.
So lief ich dort wohl stundenlang
unter den Wolken, regenschwer.
Ich träume oft, ich wär' noch dort
an jenem fernen Strand,
und liefe weiter, immerfort,
so zwischen See und Land.


*Dietrich Lange*

**Aufbruch**

Weiß ist das Schiff, samtblau die See,
als feiner Strich fernab in Lee
unter getupften Wolken das Land.

Es bricht die See unter dem Steven,
das Kielwasser schäumt, die letzten Möwen
kehren zurück zum Strand.

Wir sind unterwegs zu fernen Gestaden,
das Schiff ist bis zur Marke beladen,
wir nehmen das Wetter wie's kommt.

Hei! Das ist Leben. Ja, das ist Wonne:
unter uns Tiefe, über uns Sonne,
ringsum der weite Horizont.

*Dietrich Lange*

**Ferner Inselstrand**

Gelblich weiß –
die gebogene Linie
des Strandes fernab.
Hitze flimmert,
tanzt auf blaßblauen Wellen.
Die Palmen
gebogen vom Wind;
süßer Duft weht herüber.
Eine warmweiche Brise
streift die Haut.
Rötlichbraune Felsen,
verstreut wie Spielzeug.
Ein ferner Klang
wie Musik.
Nun schrumpft das Bild,
wird kleiner, ferner,
tanzt noch ein wenig
in dem Glast
und löst sich auf –
verschwindet nun,
ganz wie ein Spuk.

*Dietrich Lange*

**Warten**

Milchweiß und grau –
der Morgen schleicht sich
durch Tau im Geäst
raschelt die Spur des
Windes im modrigen Laub.
Die Sonne kommt –
wann?

Halb schon vollbracht
die lauernde Stille
in dem lastenden Nichts
die Gedanken schneller als
der Tag, wenn der Abend
kommt?

Schwebende Schatten
im schrägen Licht die
Visionen schwirren
körperlos im Raum
aus fließenden Formen
sich bildend –
Sie?

*Dietrich Lange*

**Der Augenblick**

Der einsame Augenblick,
wenn die Urne abgesenkt
und die Blumen verstreut sind,
wenn das Schiff wieder
Fahrt aufnimmt und
zurückkehrt ans Ufer,
wenn alle wieder zu reden
beginnen, und zu essen,
und erstes Lachen zu
hören ist –
dies ist der Augenblick,
wo du aufmerken musst,
denn dann geht das Leben weiter
– ohne dich.


*Dietrich Lange*

**Worte sind dumm**

Manchmal denkt man meistens
und selten eher öfter.
Doch meistens denkt man manchmal
und öfter eher selten.
Die Straßenbahn ist vorne
hinten noch als höher,
dafür ist sie dann hinten
kürzer noch als lang.
Der Unsinn hat Methode,
der Irrsinn eher Sinn.
Und auch die Maxi-Mode
reicht nicht bis unters Kinn.

*Dietrich Lange*

**Die nackte Fledermaus**

Hinter dem Mond, in Richtung Beteigeuze,
da lebte einst 'ne Fledermaus.
Die hatte ganz besond're Reize:
zog sich zur Nacht stets nackend aus.

Flatterte dann bleich und eckig
zwischen den Sternen rum,
sang Zotenlieder, lockend, neckisch,
durch's Univers-i-um.

Kam dann zu nah einem Planeten
und glühte auf mit Wallen.
Man sah sie noch vor Scham erröten
und dann vom Himmel fallen.

Siehst du am Abend eine Schnuppe
verglühen hinter'm Haus –
das ist die sinnlich freche Puppe,
die nackte Fledermaus.


*Dietrich Lange*

**Die Gazelle**

Unbeweglich auf der Stelle
steht am Bach eine Gazelle,
schaut zum andern Ufer rüber
und bemerkt ihr Gegenüber.
Dort steht starr und unbeweglich
'ne Gazelle, die nicht regt sich.
Beide staunen, wittern, lauern,
ziemlich lange, das kann dauern,
doch am Ende dämmert's beiden:
es ist nur das Augenleiden.

*Dietrich Lange*

**Die Wasserleich'**

Es gurgelt um die Dalben leise –
der Ebbstrom hat begonnen.
Und in dem Sog, tanzend im Kreise,
kommt eine Leiche angeschwommen.
Um die herum hat sich gesammelt,
was mancher nicht mehr braucht:
ein toter Fisch, schon fast vergammelt,
und Zigaretten, halb geraucht.
Des weiteren noch eine Flasche –
sie dümpelt auf und ab;
ein Kohlblatt, eine Einkaufstasche,
ein bißchen Stroh und Kautabak.
Flußabwärts zieht's mit Schaum und Wallen.
Die Leich' war klug und weise,
hat vorher sich versorgt mit allem,
was man so braucht für eine Reise.

*Dietrich Lange*

**Launisch**

„Guten Abend!", sagt der Morgen,
wenn er schlechte Laune hat.
„Macht euch deshalb keine Sorgen,
nur ich fühl' mich heut so schlapp.
Sehr viel Sonne wird's nicht geben,
und das sag' ich nicht zum Spaße,
dafür Wolken, Wind und Regen,
denn mir drückt's auch auf die Blase.
Falls ich morgen froh sein sollte,
doch das kann man noch nicht wissen,
pfeif' zurück ich Wind und Wolke,
laß die Sonnenscheibe hissen.
Doch gefällt's euch heute gar nicht,
dann bleibt doch in euren Zimmern;
denn das Klagen wird fürwahrlich
meine Laune noch verschlimmern.

*Dietrich Lange*

**Später Tropfen**

Die Turmuhr schlägt zur Mitternacht,
der Mond scheint ziemlich helle,
und von den Höfen hört man matt
noch nächtliches Gebelle.
Und auf dem Marktplatz glänzt im Mondschein
ein Nashornnasentropfen.
Er perlt auf einem Pflasterstein,
man hört sein Herzchen klopfen.
Nun fragt man sich, wie kann das sein,
daß in dem Dorfe noch so spät
ein Nashornnasentropfen ganz allein
im Mondenschein spazieren geht?
Nun, früher war'n sie noch zu zweit
und haben Streiche ausgeheckt,
bis gestern um die Mittagszeit
den einen dann ein Hund geschleckt.

*Magdalena Kühn*

**Das Blatt**

Es segelt leicht vom Baum herab,
sieh nur, es segelt ganz schlapp.
Da kommt ein Windstoß und treibt es weiter,
schau, es treibt ganz heiter.

Dann kommt es auf dem Boden auf,
es wird gerieben und gerieben,
nun liegt es matt,
dass schöne Blatt,
es wollt' noch weiter fliegen.


*Magdalena Kühn*

**Gute Besserung**

Du bist sehr wichtig hier im Haus,
doch ruh' dich jetzt erst einmal aus.
Nimm' einen heißen Tee zur Hand
Und dir wird es besser gehen –
du wirst es bald schon sehen.
ich wünsche gute Besserung,
dies gibt dir neuen Kräfteschwung.

*Henrike Hütter*

**Still die Straßen**

Alte Mauern,
stehen hier seit Jahrhunderten,
Tore, Türen in den Nischen,
Eingang in eine andere Zeit,
die Zeit ist hier noch
still geblieben,
still die Straßen,
Trappeln nur von Lederschuhen,
die kleine alte Stadt,
kleine Häuschen,
ganz in Fachwerk,
Hexenbäckerhäuschen,
hochaufragende Türme
der alten Kirche
im Hintergrund.
Blumenkästen
zieren Fensterchen,
klein wie Luken,
klein waren die Fenster
vergangener Zeit,
klein die Menschen
in ihren kleinen Stuben,
zu leben
ihr kleines, friedvolles Leben.

*Henrike Hütter*

**Alter Rosenstock**

Alte Brunnen aus Stein,
erzählen von
vergangener Zeit,
Jahre sind vergangen,
Menschen, Generationen
an ihnen vorbeigegangen.
Im Hintergrund ein Rosenstock,
auch Jahrzeiten schon alt.
Das Wasser sprudelt immer noch,
hell und klar, erfrischend und kühl,
wird noch Generationen
überdauern,
doch was ist ewig?

Perfekt umhüllt
und umkränzt,
die alte kleine Stadt
von der Stadtmauer,
mutet an
wie Mittelalter life,
Schatten der Ritter
treten aus dem Tor,
führen ihre Pferde am Zügel,
am Brunnen stehen die Mägde
und schwatzen,
im Gasthaus heben die Zecher
die Holzhumpen,
oder war das alles erst gestern,
gestern vor 500 Jahren?

*Henrike Hütter*

**Efeu**

Efeubekränzt,
der Torbogen zum alten Haus,
Balken krummer Äste
bilden einen Fachwerkbau,
dazwischen grob verputzter Lehm,
nicht gekälkt, sondern braun,
unregelmäßig.
Das Dach, biberschwanzgedeckt,
biegt sich unter der Last der
Jahrhunderte,
kleine Erker und Anbauten,
im Lauf der Jahre angefügt,
die efeubekränzt,
vergangen sind.

Schmale Gassen
entlang efeubewachsener Mauern,
Spaziergang
In einer anderen Zeit,
keine Technik,
nur alte Mauern,
Türme,
nur Steine und Natur,
am Rand
einige alte Straßenlaternen.

*Henrike Hütter*

**Alte Türme**

Blick
vom Wehrturm
ist grandios,
bis weit
ins Tal hinein.
Nachbarstädte
weit über die Höhen
zu sehen,
weit bis in das nächste
Gebirge,
rote, schwarze
Dächer,
Türme, Mauern
und
Bäume,
so weit das Auge reicht.
Weit
ragt der alte Turm
über das Land,
Teil der Stadtmauer,
mit Erkern geschmückt,
schmiedeeisern gekrönt,
letztes Relikt
mittelalterlicher Zeit,
letzte Bastion
der Erinnerung
architektonisch schöner Zeiten
Entlang
der Stadtmauer,
entlang der Türme
und Tore.
Hinein
zu gelangen
ist nicht einfach
gewesen zu früherer Zeit.

Verwunschen,
der alte Turm der Stadtmauer,
mitten in Bäumen,
alles überragend,
auch die Häuser der Stadt,
verwunschen,
die Zeit aus der er stammt,
Bilder, die er schon gesehen,
Menschen, die ihn
schon gesehen.

Verschleiert
hinter Nebel und herbstlichen Bäumen
- Die Türme der alten Stadt,
in tiefem Grau, Rot die Dächer,
Erinnerungen
werden wach
- an früher,
an vergangene Zeiten,
an Menschen, die nicht mehr
sind,
verblieben sind uns die Mauern,
die Türme und Ruinen,
alte Steine, behauen
- Zeugen der Vergangenheit.

Silhouette
der alten Stadt
Im Gegenlicht,
Mauern,
Türme,
Vergangenes,
Nebel
des Mittelalters
Wabern,
ein Blick in eine
vergangene Zeit.

*Henrike Hütter*

**Marktplatz**

Alter Marktplatz
mit alten Häusern,
man sieht die Mägde
an Markttagen dort laufen und kaufen,
Kinder tanzen und springen,
Männer lachen und singen.
Unterschiedliche Giebel,
jedes Haus
aus einer anderen Zeit,
im Hintergrund
die alte Kirche,
überragend.

Die Kutsche am Markplatz,
Bild aus vergangenen Tagen,
sonnenumglänzt
im Schein herbstlicher Bäume.
Es ist November,
schön ist die alte Stadt
erst zu dieser Zeit,
dieser morbiden Zeit.
Sie ist ruhig, ja still,
nur Anwohner eilen
durch die Gassen,
kalt ist die Luft,
warm der Kaffee
wartender Häuser,
still ist es auch drinnen,
Touristen
bleiben aus

*Henrike Hütter*

**Verborgene Gärten**

Hinter Toren
Verborgene Gärten
Geheimnisse bergend,
vielversprechend
laden sie ein,
hineinzugehen und verzaubert zu werden,
vom Land der Poesie,
zu träumen und gehen
auf verschlungenen,
auf alten Pfaden,
still zu werden, innezuhalten,
ganz gleich, was draußen passiert,
Rückzugsort für geheime Gedanken,
Träume, tiefe Wünsche und
Geborgenheit.

*Detlef Stoklossa*

**Ach wie windschief in den Wolken
mein Haus hängt**

Wieder sterbe ich ein
kleines Stück. Der Wind
dräut im Gefieder der
Bäume. Es knirscht
in den Ästen – ein
dunkles Mal erscheint
auf den Stirnen, die
sich dem Erdreich und
den schweren Wurzeln
zuneigen.

Meine Schritte im
Nächtlichen dröhnen,
die Worte im Nebel
vergehen, zerfließen. Ich
bin im Dunklen und gehe
und gehe dem Tor dort,
dem eisernen
entgegen.

Ach grimme doch
nicht, ach grimme
doch nicht – es
fallen die Blüten wie
Schnee auf deine
Schultern und Hände.
Das Moos weich
empfängt deine Füße und
es raunen da oben die
schwarzgefiederten Vögel
dir seltsame Wunder und
Mären ins Ohr.

*Detlef Stoklossa*

**Jenseits der Sterne**

Jenseits der Sterne aufblühen im
stürmischen Winde wieder
Gezeiten und singen und tanzen
dir zu
– hier verwelken die Blüten
nicht mehr und die Träume, die
alten, verworrenen, verwunschenen
bleiben dir treulich zur Seite.

Rück ein auf die Bank dort im
traulichen Abendlicht – hier
hält der Zeitenstrom inne und
lagert geruhsam zu Füßen uns.
– wir, du und ich, sind ent-
wachsen den mächtigen Zwie-
gesängen und treiben und
treiben dahin wie im Sturme
der Blütenschnee.

Morgen ist heute und des
mittags in sommerlich ruhender
Stille sind die Tische wieder
gedeckt, die Gläser gefüllt und
im Winde die Kerzen flackern.

*Detlef Stoklossa*

**Was also bleibt uns**

Was also bleibt uns, da die
singenden, klingenden Tage
sich neigen, die Orte verschwinden,
die uns vormals doch wieder und
wieder ein festliches Dasein
verhießen?

Wir wandern, wir wandern dahin
dahin, es rauschen die Wälder, es
ziehen die Wolken, es murmeln
die Bächlein und die Vögel singen
uns zu.

Über den Himmeln schwebt
Schweigen, durchbrochen vom
Schwarm der Krähen und mein
alter Geist, der winkende Alte
dort oben im fernen Geäste der
Riesenbäume blinzelt mir zu,
singt ferne und brüchig ein
leises Liedlein von reißenden
Strömen, gewaltig stürmischen
Gebirgshängen und lauen
Wiesen am Fluß.

Komm, mein Herz, komm und
haste nicht weiter. Lass dich
nieder im Wurzelwerk dieser
Bäume und im Schatten weit
schwingender Brücken. Die
Flüsse darunter fließen lautlos
dem Meere zu.

*Detlef Stoklossa*

**Geh, flieh, wandere, mein Freund**

Geh, flieh, wandere, mein Freund,
wandere bunt geschmückt und mit
Lehm an den Händen in den Tag,
hinein in den Tag, den unendlichen.

Hell glüht das Licht und über den
Abgründen segelt die Schwalbe. Es
grimmen und grollen die Wasser über
gichtweiße Klippen hinab, hinab
in die Tiefe.

Ein klagender Ruf erschallt, die
Kerzen verlöschen und es ist Nacht
geworden, durch die ich falle und
falle und falle, wie in düsterer Stille der
Schrei eines Vogels.

Im Singen und Weben ist das
Ende vom Lied nun erklungen, die
Spitze des Turmes erreicht, der sich
berstend und schrill in das nächtliche
Dunkel hinstürzt.

Ungerührt säumen noch immer
die steinernen Götter die weithin
geschwungenen Straßen und
Plätze. In geheimen Finsternissen
unsre Träume verrauchen,
verlöschen, vergehen ...

– Und doch
singt der Chorus mit mir lauthals
und verwegen die gestrigen
Lieder, in gefüllten Gläsern noch duftet

der Wein, wir sind lachend und weinend
am Ufer gestrandet und gehen nun
fort ohne Anfang und Ende
ins Licht.

*Detlef Stoklossa*

**Wie lange noch**

Wie lang noch die früheren
Lieder anstimmen, wie
lang noch dich wiegen und
sehnen in den alten Gesängen, die
Arme zum Himmel gestreckt und
die Augen aufgerissen und
selbstvergessen?

Das Herz klopft im Halse dir
wieder, dein Mund voller Erde und
Blüten, die ewigen Farben bunt
rieseln durch Türen und Fenster
hinab in den zur Neige gehenden
Tag. Und wieder entlässt dich die
holde Abendröte ins Dunkle,

Folge mir – wir haben noch
längst nicht die Tore durchschritten, die
kalten Gemäuer durchbrochen. Noch
blickt aus der Tiefe der Nacht uns
entgegen das Antlitz verträumter
Gezeiten, unerschlossener Frühe.
Noch singen wir hier und vergehen
doch schnell wie der Rauch in
der früh aufschauernden Sonne
des Morgens.

*Detlef Stoklossa*

**Träume, ach träume mein Kind**

Träume, ach träume mein Kind nun
nicht weiter und sage mir nicht, was
du verloren hast, was deinem Vergessen
schon so lange anheim fiel.

Spring in die Fluten der aufbrandenden
Flüsse, verweile, verweile im Blau der
hinstürmenden Wolkenmeere – dort
oben zerbrechen im dürren Geäste der
weitaufgefiederten Bäume die Nebel-
schleier der neu aufkeimenden Tage.

Du aber, zerfallen mit dir und der
Welt, sitzest wieder an den niederen
Tischen dort unten im Wurzel-
gebälke – kein Laut, kein Geräusch
unterbricht deine Rede, deine Tänze,
deinen tönend, da tönend Gesang.

Im Winde das Kerzenlicht flakkert und
glitzert in den aufschäumenden Gläsern, die
schweigsam deine Freunde dir reichen.

Die Tische sind festlich gedeckt –
lebe wohl.

*Heike Margolis*

**Im Ruhestand 1**

Ich bin entwertet worden
vom Schwer- zum Leichtmetall.
Die Aktie ist gefallen.
Ich bin nicht mehr am Ball.

Die Frage stellt sich nach dem Wert.
Da zielt sie immer hin:
Hielt ich etwa mehr von mir,
als ich tatsächlich bin?


*Heike Margolis*

**Im Ruhestand 2**

Ich lebe im Kartoffelkeller.
Dort hat man mich gefunden:
Im staubigen Kartoffelsack,
bis Oben zugebunden.

Man warf nur einen Blick auf mich
und sagte: Nu, nanu,
drückt' mich in meinen Sack zurück
und band ihn wieder zu.

Doch weil man nicht ganz unnett war,
schnitt man mir zwei Schlitze,
damit ich etwas gucken kann,
wenn ich am Boden sitze.

*Hans Sonntag*

**Erwünschte Verblödung**

„In den kommunistisch
beherrschten Staaten
waren in den Kirchen
Orgeln verboten…"

Die Töne der Orgeln
hätten alles zum
Einsturz gebracht,
Menschen begraben,
die ärmlich hausten.

Alle waren nackt
und Analphabeten,
nie wären sie gekommen
ins Himmelreich
der Orgelklänge.

Sie wurden Müll
beherrscht von Ratten,
die Gänge bauten
bis in die Zukunft
der totalen Verblödung.

(Anmerkung: Die ersten vier Zeilen stellte im Jahr 2015 ein Student der Fernuniversität Hagen ins Internet)

*Hans Sonntag*

**Auf ins deutsche Himmelreich**

Sie konnten sich das niemals denken.
Sie hatten keine Ahnung von der Realität.
Sie waren immer völlig verwundert,
weil alles anders kam als gedacht.
Sie konnten sich nur vorstellen,
was sie erzwingen wollten.
Sie hatten keinerlei Interessen
am Leben anderer Menschen.
Sie waren immer überzeugt,
sie seien die auserwählten Besten.
Ihr Wahn ist historisch gewachsen
als Verdummung zu allen Zeiten.
Immer hatten andere Schuld,
niemals hat jemand etwas gewusst.
Sie werden irgendwann einmal
vollständig untergehen im Glauben,
sie stiegen auf ins Himmelreich,
zu werden göttliches Licht.

*Hans Sonntag*

**Von den Lügen**

Sie sitzen und diskutieren
über Probleme, die sie nicht
verstehen und bebrüten Eier,
aus denen später Pfaue
geboren werden sollen.

Sie schwatzen sich Demokratie
in Ohren und Hirne,
dass sie letztlich selbst
daran glauben könnten,
selbst wenn Giftschlangen
aus den Eiern schlüpfen.

Sie reden von Freiheit aller,
die sie vertreten
und von Selbstverwirklichung
und missachten mit jedem Atemzug
die Freiheit der Andersdenkenden.

*Hans Sonntag*

**Deutsche Heimat über alles**

Wer den Antikommunismus
hasserfüllt zelebriert
ist immer auch Terrorist,
Antisemit und Nationalist:
Selbst in heutiger Pose,
auch die Gebügelten
mit gepflegten Händen
und Goldkettchen am Hals,
nebst Mercedes, BMW und Audi
vor der gesicherten Tür
ihres deutschländischen Hauses
am grünenden deutschen Park:
Sie wissen, was sie tun.
Sie wissen, was sie sagen.
Sie wissen, was sie wollen.
Sie wissen, was sie sind.

*Hans Sonntag*

**Alles wie immer**

Auch sie werden gemordet,
zweifellos auch von den Dummen
und den Intelligenten,
weil sie einst absichtsvoll
alles verraten haben
mit Versprechungen
stinkend nach Verwesung
und Krieg.

Aber sie werden
versuchen zu fliehen
aus Angst, weil ihre Lügen
alles menschliche Wissen
gnadenlos verleugnete,
honoriert wie immer
von den Dummen
und den Intelligenten.

*Werner Schwuchow*

**Der Mensch**

Der Mensch, ich sag's zu Anfang hier,
Ist mehr, als nur ein Säugetier.
Schon deshalb, weil er ab und an,
Sich etwas Neues anzieh'n kann.
Er muss nicht mehr, wie seine Vettern,
Zum Schlafen in die Bäume klettern,
Denn er verändert seine Welt
Und macht sie so, wie's ihm gefällt.
Was einzig noch vom Tiere zeugt,
Ist, dass er seinen Nachwuchs säugt.
Doch kaum ist der, der Milch entwöhnt,
Schon schnurstracks seiner Neigung frönt.
Erwachsen werden bringt Verdruss,
Weil er noch vieles lernen muss,
Doch was er treibt, mit seiner Schläue,
Erstaunt uns alle stets aufs Neue.
Sein Ehrgeiz, der mag schneller sein,
Doch die Moral, sie holt ihn ein.
Nun lest, wie es den Menschen geht,
Es hier in den Gedichten steht.

*Werner Schwuchow*

**Wolfsliebe**

Der Isegrimm, wer hätt's gedacht,
Hat sich nun auf den Weg gemacht,
Um sich wie einst, in alten Zeiten,
In Wald und Heide auszubreiten.

Ein Räuber ist er, ein ganz schlimmer,
Bleibt nicht im Wald und frisst noch immer,
Viel lieber Schafe und auch Ziegen,
Denn diese sind ganz leicht zu kriegen.

Schon drängts die Lupus-Fetischisten,
Ihn aufzunehmen in die Listen,
Um Kraft Gesetz ihn zu bewahren,
Vor allen menschlichen Gefahren.

Wir solln ihn lieben und nicht jagen,
Wir solln ihn schützen und ertragen,
Doch alles das trifft nicht den Kern,
In Wahrheit hat ihn keiner gern.

*Werner Schwuchow*

**Der Schlaf**

Was könnten wir nicht alles tun,
Müssten wir nachts nicht immer ruhn.
Anstatt zu Schaffen, wird gegähnt
Und plötzlich ist man wie gelähmt.
Doch weil es abends nur geschieht
Und man im Dunkeln nichts mehr sieht,
Dann sagen wir, so soll es sein,
Wir lassen los und schlafen ein.

So war es tausend Jahre lang,
Man schlief nach Sonnenuntergang.
Doch Thomas Alva Edison,
Der hatte einst genug davon,
Dass sich im Werk kein Rad mehr dreht,
Nur weil die Sonne untergeht.
Ein Freudenschrei ging durch das Land,
Als er die Glühlampe erfand.

Was eine helle Nacht uns nimmt,
Der helle Tag nicht wieder bringt.
Die inn're Uhr kann nicht verstehn,
Warum wir nachts nicht schlafen gehn.
Doch weil man Schichtarbeit gern hätte,
Erfand man auch die Schlaftablette.
Man nimmt sie ein, sagt: „Gute Nacht",
Nun kommt der Schlaf, so wie gedacht.

*Werner Schwuchow*

**Der Unmensch**

Was muss man täglich alles hören,
Der Mensch tut raufen und zerstören.
Er stiehlt, betrügt und drangsaliert,
Als wenn ein Dämon ihn regiert,
Gibt er sich seinem Irrsinn hin,
Als wär das alles nicht so schlimm.

Zwar wird er unschuldig geboren,
Doch die Moral geht bald verloren,
Weil die Idole seiner Welt,
Ihm zeigen, dass Moral nicht zählt,
Bis er nach einer Weile hört,
Dass er als Unmensch alle stört.

Doch ist der Ruf erst ruiniert,
Dann lebt sich's völlig ungeniert.
Die Weichen hat er selbst gestellt,
Auch wenn die Reue ihn befällt.
Wo er auch hingeht, will ihn keiner,
Er ist und bleibt ein Pappenheimer.

*Werner Schwuchow*

**Die Wanderer**

Wer Beine hat, ist besser dran,
Schon weil er damit wandern kann.
Und Tag für Tag, man sieht es auch,
Macht Jedermann davon Gebrauch.

Die Wanderschaft hat Tradition,
Homo erectus tat es schon
Und heute noch ziehn Völkerscharen,
Nur weg von dort, wo sie einst waren.

Der Wanderdrang scheint allgemein,
Ein Massenphänomen zu sein.
Fängst einer an und will nicht mehr,
Dann rennen alle hinterher.


*Werner Schwuchow*

**Das Fressen**

Wer leben darf, hat großes Glück,
Denn diese Chance kehrt nie zurück.
Wer sie verspielt, der ist verloren,
Noch einmal wird er nicht geboren.
Erstaunlich ist, so wie mir scheint,
Dass Freud und Leid, so nah vereint.
Das Schlachtfest ist der Tod des einen,
Doch niemand wird darüber weinen,
Und kaum ein Mensch plagt das Gewissen,
Dass andre für uns sterben müssen.
Weil Leben auch nur Leben frisst,
Bleibt auch der Mensch ein Egoist.
Will er im Daseinskampf besteh'n,
So muss er über Leichen geh'n.
Schon Brecht erwähnte es einmal:
„Das Fressen kommt vor der Moral."

*Werner Schwuchow*

## Am Meer

Wem Meer und Strand etwas bedeuten,
Der teilt ihn gern mit all den Leuten,
Die anonym und fast entkleidet,
Sich auf dem Sande ausgebreitet.

Doch wer sie sind, dass ist das Tolle,
Spielt überhaupt gar keine Rolle,
Nichts steht auf ihrer Stirn geschrieben,
Ein jeder sucht hier seinen Frieden.

Ganz nebenbei, manchmal zum Lachen,
Kann man so seine Studien machen,
Sieht unverhüllt, in voller Pracht,
Die Lebensmittelschwangerschaft.

Der Wellenschlag, der weite Blick,
Bringt mir die Seelenruh zurück
Und irgendwie, so scheint es mir,
Bin ich im Paradiese hier.

*Werner Schwuchow*

**Der Hasenbraten**

Ein Freund rief eines Tages an
Und fragte so zum Spaß,
Ob ich im Leben irgendwann,
Schon Hasenbraten aß.

Ich leider nicht, rief ich zurück,
Doch meine Nichte Kat,
Kennt einen, der schon mal ein Stück,
Davon gegessen hat.

Ist auch der Braten zart und fein,
Dass man ihn schätzt und liebt,
Muss er doch ganz was selt'nes sein,
Weil's kaum noch Hasen gibt.


*Werner Schwuchow*

**Das Bessere**

Das Bess're ist der Feind des Guten,
Doch ließe sich auch hier vermuten,
Dass es daherkommt, laut und schrill,
Und nicht verwechselt werden will.

*Werner Schwuchow*

**Der Ingenieur**

Rein gar nichts ist dem Ingenieur,
In seiner Wissenschaft zu schwör.
Mit Hilfe von Gedankensäure,
Vollbringt er Wunder – ungeheure
Und ohne all sein kühnes Streben,
Müssten wir noch in Höhlen leben.
Doch widersinnig scheint allein,
Der Zweck der hohen Kunst zu sein.
Wer sie bezahlt, meist auch bestimmt,
Ob's Freude oder Leid uns bringt.


*Werner Schwuchow*

**Der Schornsteinfeger**

Der Schornsteinfeger der hat's gut,
Er nimmt zusammen allen Mut,
Steigt dir aufs Dach, wenn's ihm gefällt
Und will dafür von dir noch Geld.
Ist er nicht mit dem Lohn zufrieden,
Lässt er den Ruß im Keller liegen.

*Werner Schwuchow*

**Das Lehrgeld**

Ein Mensch mit dem Gewissen ringt,
Ob er nun wirklich, unbedingt,
So wie er es schon lange wollte,
Mal in den Süden fahren sollte.
Verlockend steht im Glanzprospekt,
Drei-Sterne-Haus, Begrüßungssekt,
Er malt sich aus, wie schön es wär,
Die Adria, das blaue Meer
Und plötzlich wird es ihm bewusst,
Sie hat gesiegt – die Reiselust.
An einem Morgen fährt er fort,
Um Abends dann am Urlaubsort,
Zu schwelgen in den Köstlichkeiten,
Die ihm sein Gasthaus wollt bereiten.
Drei Stunden noch hinab zum Meer,
Doch sieh, der Tank ist fast schon leer.
Im nächsten Dorf der Karawanken,
Will nun der Mensch noch einmal tanken,
Doch hat der Tankwart festgestellt,
Dass ihm vom Tank, der Deckel fehlt.
So kann er ihn nicht fahren lassen
Und kommt zurück mit einem Kasten,
Der voller Deckel und Verschlüsse
Und meint, dass einer passen müsse.
Er sucht, probiert, findet zum Glück,
Für seinen Tank das Gegenstück.
Der Mensch ist froh und überzeugt,
Der Deckel fachgerecht beäugt,
Gibt zwanzig Euro, wie verlangt
Und hat sich höflich noch bedankt.
Der Mensch fährt nun beruhigt von hinnen,
Nun kann sein Urlaub ja beginnen.
Was er nicht ahnt, das sagt ihm keiner,
Der neue Deckel, es war seiner.

*Werner Schwuchow*

**Im guten Glauben**

Ein jeder Mensch, wo er auch lebt,
Intuitiv stets danach strebt,
Nur das zu tun, wovon er glaubt,
Es wäre richtig und erlaubt.

Doch bald dreht er sich nur im Kreis
Und merkt, dass er zu wenig weiß.
Will er für sich Beschlüsse fassen,
Dann muss er sich beraten lassen.

So tritt er meist, zu seinem Schaden,
Gleich in den nächsten besten Laden,
Wo hilfsbereit und talentiert,
Ein Überreder praktiziert.

Gern will er glauben, was der spricht,
Doch ob es stimmt, das weiß er nicht.
Bleibt der Verstand im Staube liegen,
Im guten Glauben kann er fliegen.

*Werner Schwuchow*

## Die Kollegen

Fast jeder Mensch auf dieser Welt,
Bekommt für seine Arbeit Geld.
Wieviel er kriegt, liegt auch daran,
Was er so alles leisten kann,
Und weil nur eine Arbeitskraft,
Die ganze Arbeit gar nicht schafft,
So wird der Zeitersparnis wegen,
Sie aufgeteilt, auf die Kollegen.

Wenn viele dann am Strange ziehn,
Dann spricht man keck von einem Team,
Weil man ja weltgewandt beschränkt,
Nur noch amerikanisch denkt.
Und wenn man nicht mehr weiter weiß,
Dann bildet man 'nen Arbeitskreis,
Um mit vereinter Kraft im Team,
Die Karre aus dem Dreck zu ziehn.

Wahrscheinlich käm es dazu nie,
Gäb es nicht diese Hierarchie,
In der man einzelnen Kollegen,
Doch etwas zu viel Macht gegeben.
Und manch eitele Entscheidung,
Gefällt wird, ohne Fachbegleitung.
Nur folgerichtig fängt sodann,
Der Direktorenringtausch an.

Doch völlig ungerührt, ja heiter,
Arbeiten die Kollegen weiter,
Denn vielen war schon lange klar,
Dass das längst überfällig war.
Und wieder scheint der Spruch zu gelten,
Nicht das Vermögen trennt die Welten,
Nur der Charakter – unbeirrt,
Zu jeden seinen Schicksal wird.

*Werner Schwuchow*

## Die DDR

Kurz und trotzig war ihr Leben,
Utopie, das war ihr Ziel,
Glücklich konnte in ihr werden,
Wem die Diktatur gefiel.

Selbstbetrug und Mangelwirtschaft,
Russenkult und Stasiwahn,
All das ließ sie langsam sterben,
Doch nun lest auch, wie es kam.

Es war einmal ein eitler Schrat,
Der sollte ziehn den Wagen,
Dem ihn sein Meister übergab,
Nein – durfte er nicht sagen.

Auferstanden aus Ruinen,
Sang er dabei unentwegt,
Wollt dem Sozialismus dienen,
Wie man es ihm auferlegt.

Auf Genossen, lasst euch werben,
Macht erhält, wer mit mir geht,
Kommunisten wolln wir werden,
Die Partei zeigt uns den Weg.

Volkes Wunsch nach Selbstbestimmung,
War den Sozialisten gram,
Ihre Büttel denunzierten,
Leidenschaftlich ohne Scham.

Mächte kommen, Mächte gehen,
Doch der Schrat zog Tag und Nacht,
Sah die Dinge nicht vergehen,
Bis ihn alle ausgelacht.

*Werner Schwuchow*

**Hochnotpeinlich**

Glücksselig war die Hexenjagd,
Das Lieblingsspiel der Pfaffen,
Testosteron und Zölibat,
Das wollte keiner schaffen.

Wer lüstern ist, der ist auch listig,
Die dralle Magd als Hex bedrängt,
Die Wahrheit dabei völlig nichtig,
Doch frisch gestärkt das Unterhemd.

So hat die Hochnotpeinlichkeit,
Die Runst der Katholiken,
Am Fleisch der Hexenweiblichkeit,
Sich schadlos konnt erquicken.

*Werner Schwuchow*

## Petri Dank

Ein Mensch denkt morgens für sich still,
Was er am Abend essen will.
Der Saibling hat's ihm angetan,
Mit Kräuterbutter und mit Rahm.
Vom Wunsch beseelt, ihn zu erlangen,
Schickt er sich an, den Fisch zu fangen.

Sein Angelhaken, der ist Spitz,
Getarnt als Made nicht zu finden,
Vergeht dem Saibling bald der Witz,
Wenn ihm vor Schmerz die Sinne schwinden.
Mit einem Ruck, trotz Widerstand,
Zieht ihn der Mensch zu sich an Land.

Behaglich speist er nun am Abend,
Genüsslich sich am Saibling labend.
Doch sein Erfolg kam nur daher,
Weil Fische dümmer sind als er.
Drum Petri Dank, wenn das so bliebe,
Ein Lob der Nahrungspyramide.

*Werner Schwuchow*

**Alles im Fluss**

Die Quelle sich ins Tal ergießt,
Der Bach in seinem Bette fließt,
Der Morgentau vom Blatte tropft,
Der Regen an das Fenster klopft.
Das alles unaufhaltsam strömt,
Daran hat sich der Mensch gewöhnt.
So gibt er sich auch sehr bescheiden,
Im Kampf mit all den Flüssigkeiten.
Sind sie erst einmal losgelassen,
Aus Kannen, Gläsern oder Tassen,
Stellt sich heraus, dass sie zuweilen,
Auf ungeplanten Wegen eilen.
Die Esskultur hat uns gelehrt:
„Der Löffel hoch zum Munde fährt",
Schon unterwegs kann man erkennen,
Dass Löffel sich und Suppe trennen,
Und kurz danach - ganz sonderbar,
Da ist sie wieder wo sie war.
Was nicht gelingt, kann man nicht zwingen,
Geduld gehört zu allen Dingen.
Fährt dann die Gabel durch die Soße,
Tropft sie gleich weiter, auf die Hose
Und der Champagner, kaum entkorkt,
Mit einem „ach" sich selbst entsorgt.
Und ganz intim am stillen Ort,
Da plätscherts munter wieder fort,
Doch trifft auch hier der Dilettant,
Statt in das Becken, nur den Rand.

*Werner Schwuchow*

**Vollkommen unvollkommen**

Vollkommenheit und Perfektion,
Das hohe Ziel der Wissenschaft,
Erregt zuweilen Spott und Hohn,
Denn vieles ist zu mangelhaft.

Was nützt dir eine Schlaftablette,
Wenn sie dir schon im Magen brennt
Und wenn der lange Beipackzettel,
Noch viele schlimme Folgen kennt.

Wie kommt es, das ein Richter irrt
Und erst ein höheres Gericht,
Den Sachverhalt zu spät entwirrt,
Und es zuerst den Falschen trifft.

Die Esskultur ist wie besessen,
Wurst wird verteufelt, Kraut geehrt,
Soll'n wir nun grasen oder essen?
Ein jeder Koch es anders lehrt.

Was ist ein lieber Gott uns wert,
Der nie zu seinen Kindern spricht,
Der Theologe aufbegehrt,
Beweisen kann auch er ihn nicht.

Beim $CO_2$ gibt's gut und schlecht,
Das hat der Klimarat erörtert,
Der Autofahrer dafür blecht,
Die Pelletheizung wird gefördert.

Sei wachsam und bleib auf der Hut,
Denn der Betrug kommt gut getarnt.
Ihn blind zu glauben, tut nicht gut,
Drum prüfe selbst und sei gewarnt.

*Werner Schwuchow*

## Der Zahnarzt

Der Zahnarzt und die Zuckerdose,
Die Leben lang schon in Symbiose.
Denn was der eine laufend tut,
Dass ist auch für den and'ren gut.
Im Fall des Zuckers ist das klar,
Er schmeckt uns allen wunderbar
Und dass, was einst so süß begann,
Kann tragisch enden, irgendwann.
Nur Reinlichkeit und Mundhygiene,
Erhalten uns gesunde Zähne.
Doch liegt der Nerv erst einmal blank,
Dann hilft der Zahnarzt – Gott sei Dank!

In seinem Sessel darft du liegen.
Über den Zucker wird geschwiegen.
Im Rampenlicht ganz wunderbar,
Wirst du beleuchtet, wie ein Star.
Und wenn du aufmachst deine Klappe,
Da wird dein Mut so weich wie Pappe.
Du weißt genau, mit seiner Spitze,
Dringt er nun vor, zur Nervenlitze
Und jämmerlich ertönt dein Schrei,
Doch damit ist's noch nicht vorbei.
Erst wenn das Loch verschlossen ist,
Dann endet deine Leidensfrist.

Behaglich zückt, wie man es kennt,
Er nun sein Lieblingsinstrument,
Um unter grauenhaften Pfeifen,
Die faule Stelle zu beschleifen.
Dein Hemd derweil am Rücken klebt,
Er aber keine Miene regt.
Auch du bleibst hart zu den Gefühlen,
Bis es dann heißt: „Bitte mal spülen!"

Und fast erholsam, mit der Quaste,
Füllt er den Zahn, mit seiner Paste.
Ist endlich alles gut getan,
Dann ist der Zucker wieder dran.


*Werner Schwuchow*

**Amt ohne Würde**

Der Amtmann kennt nur seine Pflicht,
Ein Risiko, das trägt er nicht,
Weil er mit dem, was er geschworen,
Er auch die Mündigkeit verloren.
Der letzte Satz in seinem Eid,
Ihn fortan von der Schuld befreit,
Da sein Gelöbnis nur gelingt,
So wahr ein Gott ihn dazu zwingt.
Mit dieser Illusion im Amt,
Wird munterfort das Geld verschlammt.
Auch wenn er sich total verrennt,
Sein Spieltrieb keine Grenzen kennt.
Dann wird er kühn zum Selbstbediener,
Holt sich's vom Steuerzahler wieder.
Doch irgendwann kommt eine Wende,
Die Narrenfreiheit geht zu Ende.
Zwar ungestraft, doch würdelos,
Verlässt er nun des Amtes Schoß.
Dabei tat er nur seine Pflicht,
Getreu dem Amtseid, den man spricht.

*Werner Schwuchow*

**Der Klimapapst**

Der Klimapapst hat sich entschieden,
Den Umweltfrevel zu verbieten.
So mancher Käfer, mancher Lurch,
Ist ihm gar heilig, durch und durch.
Er trauert um das Gletschereis,
Seit dem es taut, wie jeder weiß.
Der Meeresspiegel macht ihm Sorgen,
Er fürchtet um das Glück von morgen.
Ganz sicher ist es bald vorbei,
Bei all dem vielen $CO_2$.
Er ahnt genau, für ihn steht fest,
Ein Sündenfall, schlimmer als Pest.
Und so wie einst den Ablasshandel,
Ersinnt er nun den Klimawandel.
Und unablässig, mit Geschick,
Verängstigt er die Politik,
Damit sein Plan Gesetz nun werde,
Zu seinem Wohl, nicht dem der Erde.

*Werner Schwuchow*

**Vom ungleichen Wachsen**

Leihst du der Bank dein eignes Geld,
Ist's um sein Wachstum schlecht bestellt.
Der Lohn dafür ist äußerst spärlich,
Denn Zinsen gibt's nur einmal jährlich.
Mehr ist nicht drin, so wird erklärt,
Als wär das Geld von dir nichts wert.

Leihst du dir was von ihrem Geld,
Ist's um dich wieder schlecht bestellt,
Denn sie will zwölfmal jährlich Zinsen,
So mancher Traum geht in die Binsen
Und aus dem schönen neuen Haus,
Ziehst du vielleicht bald wieder aus.

Willst du dir von der Bank nichts borgen,
So musst du selbst für Wachstum sorgen.
Reich wirst du nicht von deinem Lohn,
Von dem was du nicht ausgibst schon.
Beharrlichkeit und Fleiß muss sein,
Dann schaffst du es auch ganz allein

*Werner Schwuchow*

## Die Demagogen

Ein Sprichwort sagt es ganz pauschal,
Nur wer die Wahl hat, hat die Qual.
Viel Weisheit steckt in diesen Worten,
Gemeint sind damit die Konsorten,
Die bürgernah dem Volksbegehren,
Noch vor der Wahl die Treue schwören
Und kämpferisch ins Mikro schäumen,
Den Saustall endlich auszuräumen.
Wer's glaubt wird selig und betrogen,
Das ist die List der Demagogen.

Selbstherrlich sitzt im Parlament,
Wem ein Mandat man hat geschenkt.
Erhaben über all die Deppen,
Die sich zur Urne ließen schleppen.
Das ist zu Ende, Gott sei Dank,
Jetzt wird regiert und zugelangt.
Sich wähnend im betuchten Kreise,
Läuft ab die Zeit, tick tack, ganz leise.
Doch viel zu spät, das muss man sagen,
Geht's Wahlbetrügern an den Kragen.

Was eigene Erfahrung lehrt,
Macht man kein zweites mal verkehrt,
Weil seine Dummheit sonst entblößt,
Wer sich am Steine zweimal stößt.
Partei ergreifen wird entbehrlich,
Denn Demagogen sind nicht ehrlich.
Und immer stärker macht sich breit,
Die Politikverdrossenheit.
Die Antwort darauf ist nicht schwer,
Zur nächsten Wahl, geh ich nicht mehr.

*Werner Schwuchow*

**Der Postkasten**

Wenn einer dir was bringen will,
Er draußen läutet – es bleibt still
Und er nicht noch zum Überdruss,
Bis du zurückkommst, warten muss,
Wirft er die Post, so ist es Brauch,
Hinunter in des Kastens Bauch.

Kommst du zurück, führt dich dein Sinn,
Als erstes zu dem Kasten hin.
Nicht nur der reinen Neugier hold,
Ob einer etwas von dir wollt,
Mehr zur Entsorgung wird geschaut,
Was man ihm alles anvertraut.

Im Überfluss der Werbewelt,
Wo nur dein Bestes zählt – dein Geld,
Verfehlt gar vieles seinen Zweck,
Du nimmst es raus und wirfst es weg,
Es liegt an dir, du hast die Wahl,
Dem Kasten selbst ist das egal.

*Marko Wendekamm*

**Ost oder West?**

… Zwanzig Jahre ist es her
da fiel die Grenze, wart nicht mehr
der Westen nun das Tor zur Welt
doch wohin ganz ohne Geld
die Träume groß, die Barschaft klein
fleißig und bescheiden sein

der Weg oft steinig, selten eben
ein völlig neues, anderes Leben
mit dem Erfolg kam auch der Bauch
die Zeit lief schneller, dass Auto auch
der Wohlstand breitete sich aus
und fand sich überall im Haus

und wie ein Strom fliest jeden Tag
ich die falschen Fragen frag
ist der Sinn in meinem Leben
mich für Luxus aufzugeben?

ist die Freiheit die gewonnen
ohne Geld nicht schon zerronnen
schwimmt man in des Stromes Fluss
mit stetig wachsendem Verdruss
ist es was man Freiheit nennt
wirklich Freiheit die man kennt
macht der Euro, Mark und Pfennig
uns zum sprungbereitem Lemming?

Wachstum ist es was wir hören
das Rezept auf das Sie schwören
wo es endet, meine Frage
Wahnsinnswunderwachstumsjahre
wir setzen uns doch selber matt
sind doch heute schon übersatt

ich wollt doch irgendwann mal türmen
über alle Grenzen stürmen
der Osten zwängte einst so sehr
in seiner Enge immer mehr
wollte Heldenwege gehen
tausend andre Länder sehen
das mit dem Gehen war schnell vorbei
ganz viel Hubraum, beinah Drei
Liter mit sehr viel PS
laufen-gehen, ist doch nur Stress

im Osten schlanker dafür nett
im Westen fauler und etwas Fett
vorbei mein wilder Pferderitt
ich schaffe mit und mich im Tritt

was wäre geschehen vor 20 Jahren
wäre ich in die Welt gefahren
hätte ich als Kauz im Wald gelebt
oder in Indien Stoff gewebt
hätte ich als Cowboy Vieh getrieben
auf einer Insel Schöne lieben

alles habe ich gewonnen
es ist für mich ganz gut gekommen
habe Kater, Frau und Kinder
dafür keine Herde Rinder
lebe in meinem Überfluss
wohl beleibt, ohne Verdruss
und geht´s auch nur durch Geldes-Miese
der Urlaub ist All Inclusive

die Steine weg der Weg ist eben
danke für dies schöne Leben
danke für dies gute Land
in dem ich mich vor Jahren fand
meinen Dank für diesen Weg
und danke das mein Leben lebt
dank und achtbar will ich sein
pflegen meinen Lebenshain

Sinn des Lebens scheint zu sein
sich selbst zu finden klar und rein
sind wir nur durch Gottes Wort
in seinem Hause, seinem Hort?

was legen wir in dieser Welt
zu viel Wert auf Luxus - Geld
wir sollten uns davon befreien
der Seelen schönster Tag wird sein
das goldne Kalb vom Sockel fällt
in „SEINER" Welt geht´s ohne Geld
höchstes Ziel sollte uns sein
mit Ihm und uns im Reinen sein ...

*Marko Wendekamm*

**Scheinheiligkeit**

… es gibt so viele Heilige
vom Papst gesegnet und ernannt
er hat die Wunder, die sie taten
für den Glauben anerkannt
doch wer bestimmt was heilig ist
ein Moslem, Jude oder Christ?

es ist noch nicht so lange her
da starben einer, zwei, dann mehr
nach einem Monat war sie da
die Katastrophe Ebola
die Ersten kamen sich zu melden
Ärzte, Schwestern, Helfer, Helden

sie kamen aus der ganzen Welt
nicht für Ruhm, Ehre oder Geld
sie boten ihre Hilfe an
dem der sich nicht helfen kann
sie hörten nicht mehr auf zu geben
Zeit und Trost, ein paar das Leben
überall war große Not
und überall war auch der Tod

der Bischof den wir alle kennen
ich kann nicht anders muss ihn nennen
machte damals grade Kasse
nach Indien ging es erster Klasse
zu Haus im Limburg wartet schon
im Bischofs Schloss der Kirchenthron

ein Prachtbau ohne Fehl und Tadel
für den religiösen Adel
Marmorbad mit Dimmung´s-Licht
so einfach helfen ging da nicht
abgeriegelt und versteckt
während Afrika verreckt

ach mein lieber Herr van Elst
bei jeder Spende Gott vergelt´s
Sie haben da ganz ungeniert
den Glauben ziemlich ramponiert
getrickst, verschleiert und gelogen
und eigentlich den Mensch betrogen

die Millionen, die Sie locker
ausgaben für Tisch und Hocker
sind nicht Ihre, waren es nie
meine Frage geht an Sie
was verschwand im schwarzen Loch
schämen Sie sich eigentlich noch
haben Sie für schnödes Geld
Ihr´n eigenen Himmel abbestellt

haben Sie in dunkler Tat
vorbereitet Ihre Fahrt
direkt in den Höllenschlund
und Privilegien war´n der Grund
sind Sie so vom Prunk berauscht
haben Ihr eigenes Gebet getauscht
sind Sie nun ein Luxus Kenner
oder gar ein Teufels-Jünger

nochmal dem Verständnis wegen
die Helfer kamen um zu geben
das ist Heilig denke ich
Sie dagegen sicher nicht
noch in hundertfünfzig Jahren
werden am Gedenkstein stehen
aus aller Herrenländer – Namen
Ihrer ist nicht zu ersehen
auf der Tafel, keinesfalls
steht ein T., danach van Elst

ach Du purpur Elster Tebartz
Deine Seele ist recht schwarz
ich denke drei mal darfst Du raten
wohl in der Hölle wirst Du braten

doch soll man Dich nun so verdammen
was liegt schon gut im Mensch beisammen
erst recht ein Kirchenfürst muss wissen
an Stelle eins, steht das Gewissen

bei Jesus hieß es seinerzeit
kommt ihr die beladen seid
er half dem Lahmen wieder gehen
und dem Blinden wieder sehen
sogar dem Toten auferstehen
er war die reine Heiligkeit
Sie sind davon entfernt, sehr weit

Sie wollten keine Zeichen setzen
sich nicht durch Mali quälen, hetzen
Ihr Sinn stand Ihnen nach Betrug
und nicht nach Gesten im Schutzanzug
unheilig, banal und öde
Sie sind auch nur, ein Mensch ganz schnöde

voll Lust und Sucht und voller Last
geliebt, gemieden, verehrt, verhasst
Sie sind kein Religionsprophet
ich weiß, Ihr Glaube ist verdreht
sie kein Freund von Gottes Sohn
Eigenliebe, welch ein Hohn
solch ein Glück, der Vatikan
Sie noch etwas beschäftigen kann

der Papst wäre dennoch gut beraten
dem im Gewand verkappten Braten
schnellstens aus dem Amt zu raten
damit vielleicht in guten Taten
ihm die Hölle bleibt erspart
sollte ihm auch das misslingen

na dann … wird eben halt gegart!

und die Moral von dem Gedicht
heilig ist man, oder nicht

*Marko Wendekamm*

**Andere Leben**

… die kleine Zone mit Geschäften
mit Müden und vorbei Gehetzten
gegenüber von der Bank
die alte Frau da an der Wand
sitzt vor ihrem Blumenmeer
zwei der Kübel sind schon leer

jeden Morgen all die Jahre
wenn ich in die Straße fahre
sah ich das gewohnte Bild
die Eimer um die ältere Dame
voll bunten Farben überquillt

immer konnt ich sie entdecken
zwischen Schlanken und auch Dicken
und die Blumen wie sie rochen
ich habe sie dann mal angesprochen
klug war sie, betagt und weise
still auf ihrer Bank ganz leise

sie sah die Welt noch wie ein Kind
ganz offen und recht unverblümt
hat mir geradewegs erklärt
wie man im Leben richtig fährt
so einfach hat sie nicht geglaubt
das Alter nichts vom Hirn geraubt
sie war bestimmt schon achtzig Jahr
und immer noch authentisch wahr
in mir hat sie stets erweckt
die Wertschätzung und den Respekt

sie konnte auf die meisten Fragen
eine genaue Antwort sagen
doch etwas war bei ihr vollkommen
sie hat mich immer ernst genommen

sie sprach von Freuden und von Schulden
vom gewinnen und erdulden
vom Sieg und vom zu Boden gehen
vom Liegenbleiben und dem Auferstehen
und leise wie ein Flüsterwind
wie die Dinge wirklich sind

kaum einer um sie nahm es wahr
das sie so voller Leben war
das sie so wissend und belesen
das sie fast überall gewesen
das Kinder sie hat, weit verstreut
sich selten zu sehen, hat sie bereut

jeder dachte, ja genau
das ist doch nur ne alte Frau
ganz bestimmt wohl eine Arme
das sich der Herrgott nicht erbarme
und sie langsam zu sich nimmt
dieses leise, weise, kluge Kind

heute war ich wieder da
doch Blumen nicht und sie nicht war
meine Mutter hat erzählt
sie ging ganz friedlich, ungequält
und weißt Du was man bei ihr fand
hinter einem alten Schrank
ihre Kinder können wohl frohlocken
ab heute ihren Schatz verzocken

an jenem traurigen Vormittag
fand man hunderttausend Mark
gewickelt in Papier und Tüten
inmitten von verwelkten Blüten

wer hätte das wohl je gedacht
niemand war es, gut gemacht
das sie die Blumen nur verkaufte
weil sie die Menschen um sich brauchte

noch nicht mal der Gespräche wegen
sie wollte es nur spür´n, zu leben
um unter ihnen ohne zu schreien
ganz leise unter Menschen sein
so viel Weisheit die da ging
mit dieser Blumenhändlerin

Millionenfach wird es sie geben

einzigartig andere Leben …

*Felix Gutermuth*

**Über die Legitimation des Selbstmords**

Manchmal,

wenn ich verkatert aufwache
und die Schmerzen in Schädel und Herz
schlimmer sind
als der vermeintliche Grund
warum man überhaupt getrunken hat,
nämlich; die Verdrängung dieser genannten Symptome,

denke ich daran,

wie es wäre
aus allem raus zu sein
und aus dem Fenster zu springen
oder von der Brücke
oder sich die Pulsadern aufzuschneiden

adieu, kurz und schmerzlos
nüchtern oder betrunken
oder verkatert

auf in diese neue Welt
in der es keine Chefs und Richter gibt
keinen Wecker
keine Schnürsenkel
keine Irrenanstalten
keine Internetpornos, Fahrscheinkontrolleure,
klingelnde Postboten oder andere Hurensöhne…

manchmal denke ich daran

und alleine der Gedanke
gibt mir die Hoffnung
es doch noch weiter auszuhalten
in diesem Moloch aus Absurditäten;
der Leben heißt

Rudolf Leder

## Pferd und Esel

Pferd und Esel, beide gleich beladen
der Bauer sie heute zu Markte treibt
auf halbem Weg Esel ausser Atem
kraftlos, bockstill er nun stehen bleibt

„Du, liebes Pferd, so hilf mir doch und
entlaste mich, wenn's auch wenig ist
ich weiss, dass du grösser und stärker
als ich kleiner, dummer Esel bist"

Das Pferd bleibt hart und unerbittlich:
„Hab selbst mein Teil, trag genug daran"
der Esel erschöpft, tot zusammenbricht
erhält noch Schläge, die nützen nichts

Der Bauer ihm das Fell über die Ohren zieht
die ganze Last nun dem Pferd aufbindet,
das für Hartherzigkeit seine Strafe sieht
und so etwas wie Reue bald empfindet

„Jetzt muss ich Esel die Last alleine tragen
dazu noch seine Haut, muss dafür büssen
hätt' ich ihm geholfen, er wär' nicht tot
ich könnt' mein Leben weiter geniessen"

Was lern' ich aus der traurigen Geschicht?
Hilf dem Nachbarn lieber zeitig als nicht
beim Löschen, denn sein Feuer nimmt
auf dein Dach sicher keine Rücksicht

Rudolf Leder

**Adler und Fuchs**

Ein Adler horstet im grünen Blätterraum
der Fuchs hat sein Loch unten im Baum
ein Herz, eine Seele durch die rosa Brille
doch wie trügerisch ist diese Idylle

Der Fuchs schleicht abends auf die Jagd
während Familie Adler am Hungertuch nagt
hebt Hunger Rücksicht auf Freundschaft auf
stürzt sich der Adler auf die Füchslein drauf

Trägt sie in den Horst, verschlingt das Mahl
die hungrigen Vögel freuen sich allemal
als der Fuchs von der Jagd zurückgekehrt
hat Familie Adler die Kleinen schon verzehrt

Schmerzgetrieben er den Ex-Freund verflucht
und die Rache der Götter auf den Adler ruft
dieser hämisch vom Baum herunterschaut
merkt nicht, was sich über ihm zusammenbraut

Als der Adler Geweihtes vom Opfertisch stiehlt
im Nest es seinen Jungen zum Fressen empfiehlt
sieht er nicht, dass Aschenglut am Fleische hängt
und sein trocken Nest im Nu nun Feuer fängt

Die Jungen fallen halbgebraten aus dem Nest
für den Fuchs ein köstlich Vogelfleischfest
verzehrt sie vor den Adleraugen mit Hohn
so erhält dieser den bitter verdienten Lohn

Die Moral von der Geschicht: Brich auch bei Hunger
deine Freundschaft nicht!

*Rudolf Leder*

**Adler und Schildkröte**

Lieber Adler, lehr mich bitte fliegen,
ist zwecklos meint dieser
du kannst die Schwerkraft nicht
besiegen, das lernst du nie
Doch die Schildkröte bleibt stur
beharrt auf ihrem Wunsch:
ich will fliegen wie du - und wie!

Also denn, wenn es unbedingt
sein muss, es wird dein Verdruss
der Adler trägt sie weit in die Luft
und lässt sie turmhoch fallen
man hört es weit herum bald knallen
zerschmettert liegt sie in der Gruft
und muss so ihre Torheit büssen

Strebe nie nach etwas, das deiner Natur widerspricht,
bleib lieber auf deinen Füssen

Rudolf Leder

## Fuchs und Bock

Bock und Fuchs von Durst gequält
wie die Hitzegeschichte uns erzählt
finden einen Brunnen mit köstlichem Nass
jedoch ganz ohne Schöpfgerät
sie springen hinein, mutig fürbass
der Bock voraus und ihr Durst ist aus
der Bock sucht den Weg aus dem Brunnen heraus
da meint der Fuchs: „Mein Freund, nur Mut
ich weiss dir Rat, bewahr kühl' Blut
steh auf die Hinterbeine, stemme dich gegen die Wand
den Kopf in die Höhe, Richtung Brunnenrand
die Hörner flach, so springe ich von deinem Rückendach
und werde auch dich retten!"

Der Bock tut wie geheissen
muss vorher zwar noch heftig sch...
der Fuchs mit einem Sprung gerettet und frei
das Schicksal des Bocks ist ihm einerlei
er spottet voll Schadenfreude über dessen Los
der Bock bezeichnet ihn zurecht als treulos
Reineke höhnt: „Ich seh' für dich keine Rettung
mein Freund, Verstand fehlt völlig deiner Art
du brauchtest so viel wie Haare im Bart
dann wärest du nie ins Brunnenhaus
ohne zu wissen, wie komm' ich da wieder heraus!"

Vorgetan und nachbedacht,
hat manchen in gross' Leid gebracht

Der Lateiner sagt:
„quidquid agis, prudenter agas et respice finem"
was auch immer du tust, handle klug und bedenke das Ende

*Rudolf Leder*

**Fuchs und Trauben**

Maus und Spatz sitzen unter nem Weinstock
beim herbstabendlichen Plauderhock
da warnt der Spatz seine Freundin Maus
versteck dich, der Fuchs schleicht ums Haus
sagt's und fliegt ins Laub

Der Fuchs schleicht sich an den Weinstock heran
gierig schaut er sich die überreifen Trauben an
stützt sich mit den Vorderpfoten gegen den Stamm
streckt seinen Körper forciert
bis er beinah' das Gleichgewicht verliert
will mit seinem Maul ein paar Trauben erwischen
doch diese hängen zu hoch, er kann sie nicht fischen

Beim zweiten Mal schnappt er ins Leere
erreicht auch jetzt keine einzige Beere
beim dritten Mal kollert er auf den Rücken
für ihn ein richtiges Fanal
seine Blamage ist nun total

Der Spatz zwitschert belustigt:
„Herr Fuchs das Spiel ist aus
ihr wollt zu hoch hinaus"
Die Maus piepst vorwitzig:
„Gib dir keine Müh', diese Trauben
bekommst du nie"
und schiesst wie ein Pfeil in ihr Loch zurück

Der Fuchs beisst die Zähne zusammen
rümpft die Nase, meint hochmütig:
„Ich mag keine sauren Trauben zum Glück"
und stolziert mit erhobenem Haupt in den Wald zurück

*Rudolf Leder*

**Haushahn und Mägde**

Die alte Bauersfrau weckte ihre Mägde
jeden Morgen beim ersten Hahnenschrei
mit den Worten: „Steht auf, eins, zwei, drei!"
Das frühe Aufwecken und Aufstehen
ihnen sehr missfiel, deshalb suchten sie
ein neues Ziel: „Wäre dieser verflixte Hahn tot
dürften wir länger schlafen, dies ohne Not"

Sie drehen dem Gockel den Hals rasch um
das war von ihnen reichlich dumm
die alte Hausfrau ohne Hahnenuhr
schläft seither nur noch eine Spur
ist mitternachts schon wieder à jour
weckt ihre Mägde ohne Erbarmen
die denken oft an den Hahn, diese Armen

Versuchst du Unannehmlichkeiten zu vermeiden
dir noch grössere das Leben verleiden

Rudolf Leder

**Löwe und Mücke**

Eine Mücke übermütig und frech
fordert den Löwen zum Zweikampf heraus:
„Ich fürchte dich nicht, du großes Ungetier
ich bin doch keine Maus.
Was kannst du besser als ich, nur weil du
deine Beute mit Krallen zerreisst
und sie dann mit deinen Zähnen zerbeisst?

Jedes feige Tier das kämpft mit dir
macht es wie du in gleicher Manier
ich zeige dir, ich bin stärker als du
bis du geschlagen bist, lass' ich dich nicht in Ruh
glaub' es doch" und fliegt in sein linkes Nasenloch
Stich um Stich, der Löwe kommt nicht mehr zur Ruh
zerfleischt sich selbst und gibt die Niederlage zu

Die Mücke ist stolz auf ihre List und fliegt davon
die Siegesnachricht ist ihr grosser Lohn
übersieht dabei in ihrem Siegestaumel
ein Spinnennetz das glitzernd baumelt
sie verfängt sich in der Spinnenfalle
die Spinne saugt sich voll am Heldenblut
bis es war alle

Beim Sterben grämt es unsere Mücke
den Löwen besiegt zu haben mit Tücke
sie schämt sich, von einer Spinne erlegt zu werden
von dem hässlichsten Tier auf Erden

Rudolf Leder

**Löwe und Mäuschen**

Ein Mäuschen über den schlafenden Löwen läuft
der Löwe erwacht und es mit seinen Tatzen ergreift
„Verzeih mir", fleht das Mäuschen, „schenk' mir mein Leben
ich werde dir gerne auch einmal etwas geben
und denke an dich in ewiger Dankbarkeit"
Grossmütig schenkt er ihm die Freiheit
und sagt dabei lächelnd zu sich,
was kann es wohl einmal tun für mich?

Kurze Zeit danach hört das Mäuschen
den Löwen brüllen wie am Spiess
das Gebrüll es nun nicht mehr in Ruhe liess
neugierig läuft es rasch dorthin
findet den Leu, der sich in einem Netz verfing
es eilt herzu, zernagt die Knoten, sodass der Löwe
das Netz zerreissen kann mit seinen Pfoten

Die Geschichte vom Kleinen und vom Grossen
Ende gut, alles gut
das kleine Mäuschen belohnt den Löwen
für die ihm erwiesene Grossmut

*Rudolf Leder*

**Die beiden Frösche**

Die Sommersonne hat mit zwei Fröschen kein Erbarmen
sie trocknet den Tümpel dieser Armen
Beide suchen ein Wasserbett auf Wanderschaft
erhoffen sich auf einem Bauernhof den Lebenssaft
sehen dort eine mit Milch gefüllte Abrahm-Schüssel
hüpfen hinein, finden so ihren Durststill-Schlüssel
wollen wieder hinaus ins Freie, doch rutschen zurück
die glatte Wand der Schüssel bringt ihnen kein Glück

Viele Stunden mühen sie sich im Topf vergeblich ab
Überlebenswille hält ihr Strampeln lange auf Trab
die Schenkel werden matt und matter, da quakt der eine:
„Ich kann nicht mehr, ich geb's auf, ich zieh Leine!"
Er gleitet auf den Boden, muss jämmerlich ertrinken
sein Gefährte kämpft weiter gegen das Versinken
da fühlt er feste Butterbrocken unter den Füssen
stösst ab mit letzter Kraft, kann die Freiheit
bald wieder geniessen

*Rudolf Leder*

**Die Fledermaus**

Eine Fledermaus fällt unglücklich ins Gras
das schnelle Wiesel will sie zum Frass
„Ach!" piepst die Fledermaus, „lass mich
doch leben!" „Ich kann nicht, ich hasse dich
weil ich alle Vögel hasse", faucht das Mardertier
Die Fledermaus beteuert: „Dann geht es dir
gleich wie mir, ich bin kein Vogel, kann Vögel
nicht leiden, ich bin doch eine Maus und wie!"
Da schenkt ihr das Wiesel das Leben und verlässt sie

Kurz danach die Fledermaus im gleichen Unglück
das Wiesel will sie fressen, es kommt zurück
„Ach!" piepst die Fledermaus, „lass mich
doch leben!" „Ich kann nicht, ich hasse dich
weil ich alle Mäuse hasse", faucht das Mardertier.
Die Fledermaus beteuert: „Dann geht es dir
gleich wie mir, ich bin keine Maus, kann Mäuse
nicht leiden, ich bin doch ein Vogel, sieh mein Gefiesel
„Was du nicht sagst", entschuldigt sich das Wiesel
die Fledermaus ist wieder frei, das Wiesel verzieht
sich um des Reimes willen mitten ins Bachgeriesel

Rudolf Leder

**Schildkröte und Hase**

Ein Hase die Schildkröte wegen Langsamkeit verlacht
wird von dieser zu einem Wettlauf im Gras angemacht
der Hase nimmt zum Scherz die Wette lachend an
der Tag des Wettlaufs kommt, das Ziel ist bestimmt
die beiden betreten gleichzeitig die Bahn

Die Schildkröte kriecht langsam, jedoch unermüdlich fort
der Hase nach vielen Seitensprüngen kurz vor dem Zielort
legt sich ermüdet ins Gras nieder und schläft schnell ein
bis der Jubel der Zuschauer ihn weckt, und er beobachtet, o nein
wie sich die Schildkröte im Endspurt über die Ziellinie macht

Er sieht, wie sie zurückkehrt, will nicht dass sie ihn verlacht
geht aus Scham zur Seite und gesteht sich zerknirscht ein
der flinken Beine wegen will er immer der Schnellere sein
nun hat ihn aber zu seiner Schande das langsamste Tier
der Welt überholt und zwar in feiner und steter Manier

Was lernt uns diese Geschicht?
Schnelligkeit genügt im Leben nicht
Ausdauer und Fleiss bringen oft mehr ans Licht

*Rudolf Leder*

**Der Hund und das Stück Fleisch**

Ein großer Hund ein schwächlich Hündchen plagt
indem er ihm feige ein dickes Stück Fleisch abjagt
Er braust mit der Beute über eine Brücke ganz munter
da fällt sein Blick zufällig ins Wasser hinunter

Sieht dort einen Hund, der einen Fleischbrocken hält:
„Der kommt zur rechten Zeit, das grössere Stück mir gefällt"
Gefrässig stürzt er sich in den Bach, will den Hund beissen
und ihm das köstliche Fleisch schnell entreissen

Doch er hat Pech, verschwunden ist der Hund im Bach
er rudert wild, späht hitzig nach allen Seiten, doch ach
der bleibt verschwunden - da fällt ihm das eigene Stück ein
verwirrt taucht er unter, findet weder Mark noch Bein

Dass er in seiner Gefrässigkeit die eigene Beute verliert
kommt davon, weil er vor Gier stets kopflos agiert


*Rudolf Leder*

**Jupiter und die Bienen**

Die Bienen sich bei Jupiter mit feinsten Waben
über böse und undankbare Menschen beklagen
sie bitten ihn, ihren Stachel giftig zu machen
um damit den Bösen Schmerzen zu verursachen
„Es sei wie gewünscht" sagt Jupiter sehr erzürnt
wenn jedoch eine Biene nach Rache giert
mit dem Stachel sie auch ihr Leben verliert

Lass dich vom Hasse niemals betören
es könnte dich dein Leben lang stören

*Rudolf Leder*

**Fuchs und Wolf am Brunnen**

Ein alter Fuchs strolcht durchs Dorf in klarer Vollmondnacht
kommt zu einem Ziehbrunnen, wo er grosse Augen macht
sieht darin einen grossen, runden, goldgelben Käselaib
kneift die Augen zu, versichert sich nach dessen Verbleib

Der Fuchs springt in den Eimer am Rand hinein
saust damit ganz tief in den Brunnen rein
ein leerer Eimer zieht an ihm schnell vorbei
unten stürzt sich Reineke auf den Käs' eins, zwei, drei

Was ist denn das? Seine Nase stösst ins eiskalte Nass
der Käse verformt sich, verschwindet - für Reineke krass
verblüfft starrt er ins Dunkel, da kehrt der Käse langsam zurück
unversehrt, goldgelb - nun begreift der Fuchs sein Unglück

„Wie kann ich nur so dumm sein!" Er gibt sich eine Klatsche
schaut zum Himmel hinauf, doch niemand hilft ihm aus der Patsche
nur der Vollmond lächelt dem Hilflosen hell und freundlich zu
nach Stunden bei Kälte und Hunger läuft endlich ein Wolf herzu

„Schau, mein Freund, welchen Käseschmaus ich gefunden habe
ein Stück von meinem Käse ist frei, auch für dich eine feine Gabe
wenn du davon haben willst, komm doch herunter mach schnell
der Eimer ist frei, kannst mit ihm zu mir kommen auf der Stell'"

Der Wolf, der Nimmersatt, der immer ein Loch im Magen hat
findet den Käse appetitlich, lässt sich das nicht zweimal sagen
klettert in den Kessel, saust mit ihm hinab ins Brunnenhaus
zieht so den Eimer mit dem Fuchs aus dem Brunnen heraus

Der Fuchs rettet sich sofort auf sicheren Boden und lacht:
„Wohl bekomm's!", bevor er sich aus dem Staube macht

*Rudolf Leder*

**Taube und Ameise**

Die Taube hat Durst am heutigen heissen Sommertag
sie fliegt zum Bach, löscht ihn dort auf einen Schlag
doch plötzlich hält sie inne, sieht ein kleines Tier
denkt an eine Spinne, erkennt das kleine Strampeltier

Eine Ameise kämpft im Wasser verzweifelt um ihr Leben
die Taube will ihr einen Halm zur Rettung geben
sie wirft ihn der Ameise als Rettungsbrücke zu
diese krabbelt flink darüber, ist gerettet im Nu

Die Taube setzt sich auf einen Ast, ist stolz auf ihre gute Tat
ein Junge kommt mit Pfeil und Bogen barfuss auf dem Pfad
will die Taube schiessen, spannt siegesgewiss den Bogen
die Ameise will ihre Wohltäterin retten, dies ist ungelogen

Sie kriecht behände auf seinen nackten Fuss
zwickt ihn voller Zorn und mit viel Genuss
der Taugenichts zuckt und schlägt voll Verdruss
neben die Ameise klatschend auf seinen Fuss

Das Geräusch die Taube aus dem Träumen schreckt
sie fliegt davon, durch das Klatschen aufgeweckt
aus Freude, dass sie der Taube für die Rettung danken kann
fängt die Ameise, bevor sie geht, noch einmal zu beissen an

# Inhalt

*Alfred J. Signer*
5  Patagonien
6  An diesem Abend
6  Baumtod am Strand
7  Ruta 40
7  Wort im Flug
8  Dora in Magdalena
8  Tango-Werdung
9  Mauerwerk 1921
9  Reise ans Meer

*Afamia Al-Dayaa*
10  Kleine Momente des Stummseins
10  wirf keinen stein

*Ralf Burnicki*
11  Versprochene Himmel

*Angelika Zöllner*
12  heimat. los
13  Ost-West I
14  Ost-West II
15  Im Asylantenheim – Die Flüchtlingsfrau
16  Ausländischer Mokka
17  Ruhrgebiet
18  wenn der wind die zäune verzerren möchte

*Michael Koch*
19  Wenn wir Kohlen kriegten

*Sabine Rothemann*
20  Tag, Nachgleiche
20  Ein Abend
21  Gestern heute

*Norbert Rheindorf*
22   Stille
23   Tag
23   Nacht

*Hanna Fleiss*
24   Petitesse
25   Bitterer Tee
26   Tiefdruckgebiete
27   Bobrowski

*Peter Frank*
28   St. Clemens
30   Winter der Kindheit
31   Gabionen
33   Leeres Haus
34   Landschaft im Norden
35   Blick in ein Zimmer
35   Am Aralsee
36   Boote

*Helmut Glatz*
37   Wir sind nur fremder Welten Spiegelungen
38   Respighis Gärten
39   Debussy
40   Abreise
41   Hält Genf an diesem Zug?
42   Quantenträume
43   Windgedicht

*Volker Teodorczyk*
44   Was übrig bleibt
45   Verkehrte Welt
46   Mächte
47   Nachbetrachtung

*Walter Kiesenhofer*
48   spätherbst
49   nachtwallender mantelrochen

*Carsten Rathgeber*
50   Zeitzeichen
51   atmung
52   Freisein
53   Das Schweigen der weißen Engel
54   s-m-s
54   meine S-M-S an dich
55   Hafenluft
56   Präferenzlos
57   lösung
57   entschuldigung
58   Abschiedsstunden
59   Sibtulitäten
59   Im Nachgang
60   Das letzte Wort
61   durchsichtig
62   Meereslicht
62   160 Zeichen
63   Bindungen

*Werner Klenk*
64   doppelbildnis
64   ich suche
65   nun und nu
66   am see
67   schwarze äste

*Karl-Heinz Fricke*
68   Kumpel unter Tage

*Regina Jarisch*
69   deutsches theater
70   als großvater mir geboren wurde
71   Liebe
72   grund los
73   luft not

*Heike Streithoff*
74   Date im Akkord

| | |
|---|---|
| 75 | Bei sich sein |
| 75 | Winterlauschen |
| 76 | Elegie |
| 76 | Unnütz |

*Hannelore Furch*
| | |
|---|---|
| 77 | Der Henker-Mond |
| 78 | Balzschmuck |

*Siegbert Dupke*
| | |
|---|---|
| 79 | Wuppertal wuppt urban |
| 79 | Lapidar |
| 79 | List auf Sylt Sommer |
| 80 | Strasbourg Grand Est |

*Michael Johann Bauer*
| | |
|---|---|
| 81 | geist'erzeit |

*Wolfgang Jatz*
| | |
|---|---|
| 82 | Liebe Klassenkameraden!, Brief 1 |
| 83 | Chinstla, Brief 2 |
| 84 | Liebe Klassenkameraden!, Brief 3 |
| 86 | Brief an M., Brief 4 |
| 88 | Brief an alle, Brief 5 |
| 89 | Briefprojekt zum 50. Abi-Jubiläum, Brief 6 |
| 90 | Bücher |
| 91 | Abschied vom Forum |
| 92 | Schule und später |

*Martin Görg*
| | |
|---|---|
| 93 | Die Nacht |
| 93 | Die Monddecke |
| 94 | Wie eine Feder |
| 94 | Heute |
| 95 | eschen birken |
| 96 | Der Baum |
| 96 | Maitag |
| 97 | Probe in der ev. Kirche Hartenrod |
| 97 | Im Märchenwald |

| | |
|---|---|
| 98 | Herbstmorgen |
| 99 | Die Sonne hängt die Sterne ab |

*Magnus Tautz*
| | |
|---|---|
| 102 | Ankunft |
| 103 | Die Katzen von Split |
| 104 | Zu dir |

*Manfred Burba*
| | |
|---|---|
| 105 | Frühlingsgefühle |
| 106 | Global Players |
| 107 | Grillsaison |
| 108 | Neujahrsparty |
| 109 | Vater Rhein |
| 110 | Ein Dichter stirbt |
| 111 | Wir schaffen das |
| 113 | Geiz ist geil! |

*Hans-Jürgen Gundlach*
| | |
|---|---|
| 114 | Willkommen |
| 115 | Zwei Hände |
| 116 | Im Strom |
| 117 | Da war einmal ein Schmetterling… |
| 118 | Blätter im Wind |

*Klaus Schatz*
| | |
|---|---|
| 119 | A3 südwärts |
| 120 | Wo ich herkomme |

*Marko Ferst*
| | |
|---|---|
| 121 | Dvořák am Berg hören |
| 122 | Jahrtausend-Linien |
| 124 | Atemlos |
| 125 | Nicht nur in Paris |
| 126 | Bayrische Amokläufe |
| 128 | Väterchen Frost |
| 131 | Syrisches Totenfeld |

*Peter Lechler*
| | |
|---|---|
| 135 | Liebeslied |

| | |
|---|---|
| 136 | Aus dem Fenster gelehnt |
| 138 | Psychomobil - ein birthday rap zum 49sten |
| 140 | Wenn's Federn regnet - Nachruf auf einen Kollegen |
| 142 | SUV oder Suff |
| 143 | Affentheater |
| 145 | Kruzifix! |

*Elke Roob*
| | |
|---|---|
| 146 | Senk-, Platt- und Versfuß |

*Gabriele Friedrich-Senger*
| | |
|---|---|
| 147 | Herbstzeit |
| 148 | Sprechzeiten |
| 149 | Herr und Hund |
| 150 | Schlaflos im WM-Fußballfieberwahn |

*Jott Peh*
| | |
|---|---|
| 151 | renate auf talfahrt |

*Stefan Pölt*
| | |
|---|---|
| 151 | Parallelitäten |

*Hans-Georg Wigge*
| | |
|---|---|
| 152 | Frau kauft Hose |

*Cornelia Effner*
| | |
|---|---|
| 153 | Bretter waren unterwegs |

*Gudrun Tossing*
| | |
|---|---|
| 154 | Chemikerleben |
| 154 | Verschreckter Zweifel |
| 155 | Besessen-vergessene Lyrik |
| 156 | Neuer Wein |

*Jochen Krenz*
| | |
|---|---|
| 157 | Krokodil am Nil |

*Ell, Manfred*
| | |
|---|---|
| 157 | Heilix Blechle |

| | |
|---|---|
| 158 | Happy - End |
| 158 | Durch die Blümchen |

*Helmut Tews*

| | |
|---|---|
| 159 | In der stillen Morgenkühle |
| 159 | Denk mal |
| 160 | Der Tiger |
| 161 | Klimawandel |
| 161 | Ein Goldfisch schwimmt |
| 162 | Der Tadahara |

*Manfred Strolz*

| | |
|---|---|
| 163 | Beim Sterben |
| 163 | Segne |
| 164 | Aufbruch |
| 164 | Unbrauchbar |
| 165 | Der Adler |
| 165 | Der Falke |

*Wolfgang Reinisch*

| | |
|---|---|
| 166 | Die Butter |
| 166 | Die frustrierte Glühbirne |

*Andreas Blessing*

| | |
|---|---|
| 167 | „Die Artikel Dichtung und Poesie überschneiden sich" |
| 167 | Forscherdrang |
| 168 | Blamage |
| 169 | Sandkörner im Universum |

*Franz Rickert*

| | |
|---|---|
| 170 | Geheimzahlen-Wahn |
| 171 | Klarer Blick - Durchblick |
| 171 | Geburtstagsständchen |
| 172 | Echtzeit |
| 173 | Hart gebettet |
| 174 | Nix wert? |
| 176 | Im falschen Abteil |

*Wilfried Linke*

| | |
|---|---|
| 177 | Angst |

| | |
|---|---|
| 178 | Geschützte Quelle |
| 179 | sehnsucht ina |
| 180 | tomorrow never knows |
| 181 | wer du bist |

*Norbert Autenrieth*
| | |
|---|---|
| 182 | Familienglück |
| 182 | über das jahr |
| 184 | Das Haus |

*Werner Hetzschold*
| | |
|---|---|
| 185 | Identität |
| 186 | Heiß war der Sommer |
| 187 | Befehl Naturwunder |
| 188 | Der ewige Wanderer |
| 189 | Der letzte Herbst |
| 190 | Abschied |
| 191 | Burn out |
| 192 | Landschaft |
| 193 | Es ist ein Feiertag |
| 194 | Ohne Hoffnung |
| 195 | Denkmal |
| 196 | Tilman Riemenschneider |
| 197 | Monument Wahalla |
| 198 | Klima-Wandel |

*Margita Osusky-Orima*
| | |
|---|---|
| 199 | Kann man das Vergessen |
| 200 | Der Bruderzwist |

*Jutta Ochs*
| | |
|---|---|
| 201 | Nachmittagsgefühl |
| 202 | Dieses Mädchen |

*Thomas Kleinschmidt*
| | |
|---|---|
| 203 | Wollte nicht mehr im Weiß steckenbleiben |
| 203 | Am Morgen schien das Wort nicht schreibbar |
| 204 | Liebe 2015 |
| 204 | In dieser bahn |

*Karin Hotek*
205 Winterwaldzauber

*Eberhard Schulze*
206 In deinem Büro
206 Ich schrieb dir
207 Im Ginstergold
207 Gansäugige
208 Der Betrunkene mit der Rose
209 Was ich will
210 heute
210 Ahnung
211 belagerung
211 Was trieb dich
212 Ein Anderer

*Ilonka Meier*
213 Hauch des Südens
213 Sitges
214 Für einen Moment
214 Barcelona – Liebeserklärung an eine Stadt
215 Zimmer mit Ausblick
215 Fühlen und Sein
216 An den Süden
216 Licht und Schatten
217 Vejer de la Frontera
217 Vejer de la Frontera II

*Reinhard Lehmitz*
218 Moderne Säulen
218 Am geliebten Strand
219 Für meine Mutter
219 Anfang und Ende
220 Dein Sternbild
221 Warum nicht schon jetzt?
222 Für immer
223 Viel früher
224 Einfach schön
225 An einem Strande

**365**

| | |
|---|---|
| 226 | Infit nicht gefragt? |
| 227 | Der rätselhafte Mensch |
| 228 | Harlekine |

*Ellen Philipp*
| | |
|---|---|
| 229 | Durchsage im ICE |
| 230 | Leuchtendes Herz |
| 231 | Mopsrolle |
| 232 | Termin? |
| 233 | Stein im Brett |

*Veronika Troisch*
| | |
|---|---|
| 234 | Das Bröckeln der Zeit |
| 235 | Erinnerungshauch |
| 236 | Nur ein Traum? |
| 237 | Meine schüchternen Träume |

*Erika Maaßen*
| | |
|---|---|
| 239 | Geschwätzige Nacht |
| 239 | Meine Augen streicheln dich |
| 240 | Wir Menschen treiben im Strom der Zeiten |
| 241 | Verlassene Dörfer trauern |
| 242 | Sittichen gleich meine Ängste |
| 243 | Kurz vor dem Regen |
| 244 | Stell die Musik leiser |
| 245 | Freundschaftsdienst |
| 246 | Blue Moon, my Cat, spürst du die Lust? |
| 246 | Fledermaus, du hängst kopfüber |
| 247 | Frühlingserwachen |
| 247 | Die Blätter leuchten in warmen Farben |
| 248 | Sommer ist´s |
| 251 | kleine Fischlein |
| 252 | Frosch bring mir bei zu quaken |
| 253 | Wo ist mein Froschkönig? |
| 254 | Lockruf der Nachtigall |
| 255 | Ballade vom Mond |
| 256 | Diebstahl |
| 257 | Ein lauer Wind streift meine nackten Arme |
| 257 | Im Traum |

| | |
|---|---|
| 258 | Sammelte Blätter |
| 258 | Ich dichte |
| 259 | Super-lative |
| 260 | Draußen keine weißen Flocken |
| 260 | Auf dem Weg zu dir |
| 261 | Töne |
| 261 | Mondhelle Nacht |
| 262 | Könnt ich singen |
| 262 | Ich werd jung sein mit des Wassers Jugend |
| 263 | War nicht |
| 263 | Ich bin ein Mensch |
| 264 | Gebrauchsinformation |

*Irmgard Woitas-Ern*

| | |
|---|---|
| 265 | Über Tisch und Stühle |
| 265 | Konfektionsgröße M |
| 266 | Der Chef im Haus |
| 266 | Bengelchen |
| 267 | Katzen und Mäuse |
| 267 | Fleischfressende Pflanzen |
| 268 | Mielchenmanns Geschichte |
| 269 | Schrumpfgermane |
| 269 | Taktisches Lächeln |
| 270 | Vielmäusler |
| 270 | Umtausch ausgeschlossen |

*Kai Schwarz*

| | |
|---|---|
| 271 | Das Kapital im XXI. Jahrhundert |
| 272 | Verkrachte Zauberer |

*Hans-Werner Kiefer*

| | |
|---|---|
| 273 | Eins und Eins |
| 274 | Deine Uhr |
| 275 | Nur ein kurzer Hauch des Lebens |
| 275 | Celans Mutter |
| 276 | Celans Himmel über Paris |
| 277 | Meine Seele braucht Licht |

*Ilona Daniela Weigel*

| | |
|---|---|
| 278 | Der letzte Mensch |

| | |
|---|---|
| 279 | Der Mond taucht ins Meer |
| 279 | Die Haut des Spiegels |

*Renate Maria Weissteiner*
| | |
|---|---|
| 280 | Begrenztes Mittelmaß |
| 281 | unbeständig, etabliert |

*Dietrich Lange*
| | |
|---|---|
| 282 | Erinnerung |
| 282 | Aufbruch |
| 283 | Ferner Inselstrand |
| 284 | Warten |
| 285 | Der Augenblick |
| 285 | Worte sind dumm |
| 286 | Die nackte Fledermaus |
| 286 | Die Gazelle |
| 287 | Die Wasserleich' |
| 288 | Launisch |
| 289 | Später Tropfen |

*Magdalena Kühn*
| | |
|---|---|
| 290 | Das Blatt |
| 290 | Gute Besserung |

*Henrike Hütter*
| | |
|---|---|
| 291 | Still die Straßen |
| 292 | Alter Rosenstock |
| 293 | Efeu |
| 294 | Alte Türme |
| 296 | Marktplatz |
| 297 | Verborgene Gärten |

*Detlef Stoklossa*
| | |
|---|---|
| 298 | Ach wie windschief in den Wolken mein Haus hängt |
| 299 | Jenseits der Sterne |
| 300 | Was also bleibt uns |
| 301 | Geh, flieh, wandere, mein Freund |
| 302 | Wie lange noch |
| 303 | Träume, ach träume mein Kind |

*Heike Margolis*
304  Im Ruhestand 1
304  Im Ruhestand 2

*Hans Sonntag*
305  Erwünschte Verblödung
306  Auf ins deutsche Himmelreich
307  Von den Lügen
308  Deutsche Heimat über alles
309  Alles wie immer

*Werner Schwuchow*
310  Der Mensch
311  Wolfsliebe
312  Der Schlaf
313  Der Unmensch
314  Die Wanderer
314  Das Fressen
315  Am Meer
316  Der Hasenbraten
316  Das Bessere
317  Der Ingenieur
317  Der Schornsteinfeger
319  Das Lehrgeld
320  Die Kollegen
321  Die DDR
322  Hochnotpeinlich
323  Petri Dank
324  Alles im Fluss
325  Vollkommen unvollkommen
326  Der Zahnarzt
327  Amt ohne Würde
328  Der Klimapapst
329  Vom ungleichen Wachsen
330  Die Demagogen
331  Der Postkasten

*Marko Wendekamm*
332  Ost oder West?

335 Scheinheiligkeit
338 Andere Leben

*Felix Gutermuth*
341 Über die Legitimation des Selbstmords

*Rudolf Leder*
342 Pferd und Esel
343 Adler und Fuchs
344 Adler und Schildkröte
345 Fuchs und Bock
346 Fuchs und Trauben
347 Haushahn und Mägde
348 Löwe und Mücke
349 Löwe und Mäuschen
350 Die beiden Frösche
351 Die Fledermaus
352 Schildkröte und Hase
353 Der Hund und das Stück Fleisch
353 Jupiter und die Bienen
354 Fuchs und Wolf am Brunnen
355 Taube und Ameise

357 Inhalt

371 Autorinnen und Autoren stellen vor

# Autorinnen und Autoren stellen vor:

Ralf Burnicki & Findus: Hoch lebe sie - die Anarchie! Neue Anarcho-Poetry, 48 Seiten, Edition AV, 2014, 9,80 €, Info: http://www.edition-av.de/buecher/burnicki_findus.html

Marko Ferst, Andreas Erdmann, Monika Jarju u.v.a: Die Ostroute. Erzählungen, 256 Seiten, Edition Zeitsprung, Berlin 2014, 16,90 €
Marko Ferst: Umstellt. Sich umstellen. Politische, ökologische und spirituelle Gedichte, 160 Seiten, Engelsdorfer Verlag, Berlin 2005, 11,20 €
Marko Ferst: Täuschungsmanöver Atomausstieg? Über die GAU-Gefahr, Terrorrisiken und die Endlagerung, 136 Seiten, Edition Zeitsprung, Berlin 2007, 9,95 €
Marko Ferst, Franz Alt, Rudolf Bahro: Wege zur ökologischen Zeitenwende. Reformalternativen und Visionen für ein zukunftsfähiges Kultursystem, 340 Seiten, Edition Zeitsprung, Berlin 2002, 21,90 €
Marko Ferst, Rainer Funk, Burkhard Bierhoff u. a.; Erich Fromm als Vordenker. „Haben oder Sein" im Zeitalter der ökologischen Krise, 224 Seiten, Edition Zeitsprung, Berlin 2002, 15,90 €
Leseproben und Bestellung: www.umweltdebatte.de

Hanna Fleiss: Zwischen Frühstück und Melancholie. Gedichte, Engelsdorfer Verlag, 2014, 135 Seiten, 10 €
Hanna Fleiss: Nachts singt die Amsel nicht. Lyrics, 120 Seiten, united p. c., 2013, 16,40 €

Regina Jarisch: lauter leben. Gedichtband, ATHENA-Verlag, E-Mail: inajar@web.de oder 03643 776372 oder im Buchhandel

Peter Lechler: Wo der Wahnsinn wohnt. Pfalzkrimi, 162 Seiten, Knechtverlag Landau, 11,99 €
Peter Lechler: Alpentouren, Löwenspuren. Auf der Fährte der Liebe. Reiseerzählungen, 196 Seiten, Engelsdorfer Verlag, 2012, 12,60 €, Leseproben: www.literaturpodium.de
Peter Lechler: Auf den Schwingen der Eule: Denn Liebe ist stark wie der Tod, 172 Seiten, BoD, 2008, 9,80 €

Peter Lechler: Im Alltag und auf Reise, mal heiter und mal scheiße. Stories to go, 291 Seiten, BoD, 2015, 13,90 €

Rudolf Leder: Lyr-Mix, Gedichte/Haikus, 138 Seiten, Herbert Utz Verlag, 2014, 13,80 €
Rudolf Leder u.v.a.: Kastanienkerzen. Haiku und andere Kurzgedichte, Aphorismen, S. 143 – S. 152, Literaturpodium Berlin, 2013, 16 €
Rudolf Leder u.v.a.: Abendsegel. Gedichte S. 232 – S. 249, Literaturpodium Berlin, 2014 Weitere Leseproben: http://www.e-stories.de/buecher-detail.phtml?id=512

Erika Maaßen: Herbstzeichen der Liebe. Freundschaften, Beziehungen und andere Wegbegleiter,180 Seiten, 2016, BoD, 9,50 €
Erika Maaßen, Norbert Mieck, Helga Lange u.v.a.: Bunte Flusslandschaften. Haiku und andere Kurzgedichte, Aphorismen, 200 Seiten, 2016, BoD, 12,90 €
Erika Maaßen: Alles will ich ihm erzählen. Autobiographisches, 255 Seiten, 2011, Verlag des Biographiezentrums, 14,90 €

Carsten Rathgeber: Zwischen(t)räume & Grenzwelten, 68 Seiten, Lorbeer Verlag, 2014, 6,99 €
Carsten Rathgeber u.v.a.: Auf der Halbinsel, 420 Seiten, Literaturpodium (Dorante Edition), 2016, 17,80 €
(Weitere Gedichte u. a. in: Der Abend vor Silvester, 432 Seiten; 2015; 17,80 €; Nordlandwinter, 296 S.; 2016; 15,50 €, jeweils Literaturpodium, Dorante Edition).

Werner Schwuchow: Wir und die Welt, Philosophisch heitere Gedichte, 72 Seiten, Verlag Kern, 2015, 10,90 €

Gudrun Tossing alias Alice Carpentier: Stark-Sturm, Roman in deutscher Sprache, 401 Seiten, KUUUK-Verlag, 2016, ISBN 978-3-939832-88-1
Gudrun Tossing, Pink Tales: Storys von Flo-Flo-Florida, Kurzgeschichtenband, 300 Seiten, KUUUK-Verlag, 2014 ISBN 978-939832-71-3
Gudrun Tossing: Fish Tales & Coyote Stories. Two Germans in the Wild, Wild West

Gudrun Tossing: Short Stories in American-English Version, translated from German by Gudrun Tossing, edited by Janet M. Davis, KUUUK Publishers, Königswinter, ISBN 978-3-939832-60-7

Gudrun Tossing alias Jeff Sailor: Jenseits von Jenen, Roman in deutscher Sprache, 410 Seiten, KUUUK-Verlag, 2013, ISBN 978-3-939832-61-4

Gudrun Tossing: Gold Tales. Unglaubliche Geschichten aus dem Westen der USA. Kurzgeschichtenband, 314 Seiten, KUUUK-Verlag, 2013, ISBN 978-3-939832-56-0

Gudrun Tossing: Fish Tales & Coyote Stories. Amüsantes und Kurioses für USA-Reisende. Kurzgeschichtenband, 287 Seiten, KUUUK-Verlag, 2012, ISBN 978-3-939832-47-8 (alle auch als E-Book erhältlich)

Angelika Zöllner: singen, ehe der himmel fällt. Gedichte, 96 Seiten, Poesie 21 im Verlag Steinmeier, 2016, 12,80 €

# Rainer Funk, Marko Ferst, Burkhard Bierhoff u.a.

## Erich Fromm als Vordenker

„Haben oder Sein" im Zeitalter der ökologischen Krise

Leseproben:
**www.umweltdebatte.de**

Edition Zeitsprung, 224 Seiten

Als Psychotherapeut, Sozialwissenschaftler und Philosoph gehört Erich Fromm zu den wegweisenden Gestalten des 20. Jahrhunderts. Er ist ein prominenter Diagnostiker der Krisen der westlichen Welt, ein Kritiker unseres konsumistischen Lebensstils und von gesellschaftlichen Zuständen in denen nicht der Mensch sondern das schnelle Plusmachen im Mittelpunkt steht. Die Werte des Seins wollte Fromm über denen des Habens angesiedelt wissen. Die Beiträge setzen sich mit seinen Ideen und Vorschlägen auseinander.

## Nordlandwinter

### Gedichte

**Kurt Bott, Barbara Gregor, Peter Frank u.v.a.**

296 Seiten, 2016

Viele skandinavische Impressionen hält dieser Gedichtband bereit. Oslo und Stockholm liegen auf der Reiseroute. Von Skiabenteuern im Ural wird berichtet und beintiefem Schnee. Das Stormland und Ostseegedichte sind dabei, Vögel überqueren den Belt. Veränderungen auf Kuba kommen zur Sprache, langsame Ventilatoren. Nach Wahlsonntagen ruhen die Strategen aus. Das Dröhnen der Zeitungslettern hilft nicht gegen die griechischen Schieflagen. Die Endmoränen des Konsums, verbrauchte Freude geraten in den Blick. Vom Riesenalk und anderen Tieren auf der Totenliste hört man reden. Stumme Straßen in Jerusalem fixiert eine Autorin. Auf einer Wanderung wird eine alte Abtei erreicht. Zahlreiche Herbstgedichte, aber auch Liebesentdeckungen finden sich im Band. Eine letzte Reise will unternommen sein in eigener Regie. Schneetreiben kommt auf.

*Leseproben, Inhaltsverzeichnis: www.literaturpodium.de*
*Bestellung: wettbewerb@literaturpodium.de*

## Geliehener Ort

### Gedichte und Prosa

### Andreas Diehl

136 Seiten, 2016, deutsch-russisch, Illustriert mit Grafiken

Wir teilen uns Brücken im November oder suchen auf dem Trödelmarkt der unverlorenen Worte. Immer neue lyrische Schattierungen deckt Andreas Diehl hinter dem üblichen Sprachsinn auf. Die Liebesgedichte sind oft verwoben in Stoffe aus der 89er Wendezeit in der DDR und aus den ersten Erfahrungen mit der deutschen Einheit. Immer wieder kehrt der Lebensversuch sich in zwei Nationen, Russland und Deutschland, zu beheimaten. In seiner Lyrik nimmt er den möglichen realen Verlust vorweg. Gedichte von ihm wurden mehrfach in Tageszeitungen veröffentlicht. Seit mehr als zwei Jahrzehnten beteiligt er sich am Köpenicker Lyrikseminar und dem Friedrichshainer Autorenkreis. Alle Gedichte und Texte im Band sind in russischer und deutscher Sprache abgedruckt.

*Leseproben: www.amazon.de*
*Kontakt: diehlandreas@gmx.de*

# Literaturpodium

Bei uns können Sie Gedichte, Erzählungen, Essays, wissenschaftliche Beiträge, Märchen, Fantasiegeschichten, Haiku, Aphorismen, Reisereportagen etc. in verschiedenen Buchprojekten veröffentlichen. Die Bücher werden gegenseitig mit Anzeigen beworben und im Internet präsentiert. Sie sind in vielen Ländern lieferbar. Auch eigene Gedichtbände, Romane etc. können publiziert werden.

Mehr Informationen unter:

## www.literaturpodium.de

### Sommerfrühstück

**Erzählungen und Gedichte**

Mio Mandel, Christine Zeides, Magnus Tautz, Manfred Burba, Robby von der Espe u.v.a.

436 Seiten, 2015

### Auf der Halbinsel

**Rote Erzählungen und Gedichte**

Elisabeth Gehring, Bruno Rauch, Carsten Rathgeber u.v.a.

420 Seiten, 2016

*Leseproben, Inhaltsverzeichnis: www.literaturpodium.de*
*Bestellung: wettbewerb@literaturpodium.de*

## Seltenes spüren

### Gedichte

**Ulrich Grasnick, Elisabeth Hackel, Günter Kunert, Marko Ferst, Dorothee Arndt, Charlotte Grasnick u.v.a.**

268 Seiten, 2014

Erleben Sie den Inkafrühling in Peru. Versunkenen ägyptischen Schätzen wird nachgespürt. Monets Garten lädt ein und dem Duft einer französischen Bäckerei folgt ein Gedicht. Der Berliner Dom spiegelt sich nicht mehr im Palast. Zahlreiche surreale Gedichte enthält der Band, vereinzelt auch gereimte. Ein Besuch bei Heine steht an, versteckt liegt sein Denkmal. Den Szenarien der Krieger geht ein Lyriker auf den Grund, von weidwundem Land berichtet ein Gedicht für die Erde. Letzte Bienenwagen kommen in den Blick, Ausflüge führen ins Känguruland. Die Sonnenpost läßt uns Entfernungen vergessen. Der vorliegende Band ist eine Gedichtsammlung des Köpenicker Lyrikseminars und der Lesebühne der Kulturen Adlershof. Gäste wurden eingeladen. Grafiken von Dorothee Arndt illustrieren den Band. Das Lyrikseminar existiert seit 1975 und publizierte bereits mehrere Anthologien.

*Leseproben: www.umweltdebatte.de*
*Bestellung: marko@ferst.de (dt. Porto frei)*

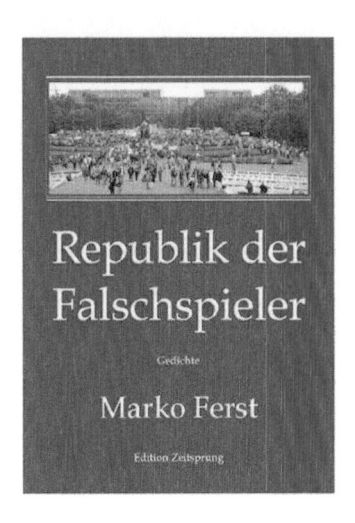

## Republik der Falschspieler

**Marko Ferst**

172 Seiten, Gedichte, 11,60 €, Leseproben: www.umweltdebatte.de

Wohin driftet die Berliner Republik? Ein bißchen Gelddiktatur schadet doch niemandem? Die Gedichte in diesem Band bürsten unbequem gegen den Strich. Hartz IV und Ein-Euro-Job kommen auf den Prüfstand. Da wird nach sozialer Gerechtigkeit ebenso gefahndet wie nach ökologischer Balance. Sind wir als Zivilisation dem Untergang geweiht? Der Autor setzt sich auseinander mit den Folgen von Tschernobyl für die Menschen und thematisiert: Atomkraft ist unverantwortlich. Er führt uns nach Mittelasien und schreibt sich an die Tragödie um den verschwindenden Aralsee heran.
Wieviel unschuldige Opfer fordert der angebliche Kampf gegen den Terror? Was konnte die orange Revolution in der Ukraine leisten oder wieviel blaue Adern durchziehen sie? Unternommen wird ein Ausflug an die Wolga und nach Kasan. Einen umfangreichen Abschnitt mit Liebesgedichten findet man vor, überdies zahlreiche Landschaftsgedichte. Außerdem: was kann dem streßgeplagten Weihnachtsmann alles passieren? Eine Nachtwanderung führt in spukumwundenes Ferienland.

*Bestellung: marko@ferst.de*

## Herbstzeichen der Liebe

Freundschaften, Beziehungen und andere Wegbegleiter

Erika Maaßen

180 Seiten, 2016

Die Autorin versucht in diesem Band eine biographische Spurensuche, die sich in alle ihre Lebensalter erstreckt, die Liebesbeziehungen stehen im Mittelpunkt, Freundschaften werden ausgelotet. Zur Sprache kommen Verletzungen in der Kindheit und Jugend, das komplizierte Verhältnis zu den Eltern. Die Erfahrungen einer langen Ehe geraten in den Blickwinkel, ebenso wie die Trostlosigkeit nach einer vorangehenden früheren Heirat, der eine Scheidung folgt. Die neuen Freiheiten des Alters werden gezeigt, und wie man sich von lange eingeübten Selbstbeschränkungen befreien kann. Reizvoll die Beziehungen, die dann noch, jenseits jeder Konvention, möglich scheinen.

*Leseproben, Inhaltsverzeichnis: www.literaturpodium.de*
*Bestellung: maassenerika@aol.com*

# Aktuelle Bücher

Kurt Bott, Barbara Gregor, Peter Frank u.v.a.
**Nordlandwinter. Gedichte** (296 Seiten)
Peter Frank, Hans Sonntag, Manfred Burba, Heiko M. Kosow u.v.a.
**Frühjahr im Schnee. Gedichte** (308 Seiten)
Mio Mandel, Christine Zeides, Magnus Tautz, Manfred Burba u.v.a.
**Sommerfrühstück. Erzählungen und Gedichte** (436 Seiten)
Peter Frank, Hanna Fleiss, Manfred Burba, Peter Lechler u.v.a.
**Abendsegel. Gedichte** (304 Seiten)
Manfred Burba, Michael Starcke, Norbert Rheindorf u.v.a.
**Vom Duft der Wüste. Gedichte** (284 Seiten)
Norbert Rheindorf, Hanna Fleiss, Günther Bach u.v.a.
**Sommer im Norden. Gedichte** (256 Seiten)
Peter Frank, Julia Romazanova, Hans-Jürgen Gundlach u.v.a.
**Der bewaldete Tag. Gedichte** (320 Seiten)
Angelica Seithe, Robby von der Espe, Martin Hartjen u.v.a.
**Lichtglanz über Wasser. Gedichte** (320 Seiten)
Lena Kelm
**Manchmal dauert ein Weg ein Leben lang. Vom Gulag nach Berlin** (248 Seiten)
Elisabeth Gehring, Bruno Rauch, Carsten Rathgeber u.v.a.
**Auf der Halbinsel. Rote Erzählungen und Gedichte** (420 Seiten)
Anna B. Lippmann, Francesco Mancino, Renate Maria Riehemann u.v.a.
**Von raffinierten Kochkünsten. Erzählungen und Gedichte über erlesene Speisen** (320 Seiten)
Heike Gewi, Ingrid Baumgart-Fütterer, Karsten Beuchert u.v.a.
**Der Palast im Orient. Märchen, Fantasie- und Kindergeschichten** (364 Seiten)
Hannelore Furch, Peter Lechler, Thomas Schricker u.v.a.
**Eine Hochzeit in der mongolischen Steppe. Reisen und Landschaften** (412 Seiten)
Karin Posth, Benjamin Frech, Klaus Kayser, Peter Frank u.v.a.
**Meere, Flüsse, Seen. Erzählungen und Gedichte** (415 Seiten)
Werner Hetzschold, Angelika Hukal, Lohr Koman u.v.a.
**Schneewelten. Erzählungen** (416 Seiten)
Johannes Chwalek, Siegbert Dupke, Marita Wilma Lasch u.v.a.
**Zeiten, Literatur und Zukunft. Essays und Beiträge zu Geschichte, Philosophie, Politik, Ethik und Ökologie** (440 Seiten)
Marko Ferst
**Umstellt. Sich umstellen. Politische, ökologische und spirituelle Gedichte** (160 Seiten)
*Leseproben: www.literaturpodium.de Bestellung: wettbewerb@literaturpodium.de*